Ulrike Hanke, Martina Straub und Wilfried Sühl-Strohmenger
Informationskompetenz professionell fördern
Praxiswissen

Praxiswissen

Ulrike Hanke, Martina Straub und Wilfried Sühl-Strohmenger

Informationskompetenz professionell fördern

―

Ein Leitfaden zur Didaktik von Bibliothekskursen

DE GRUYTER
SAUR

ISBN 978-3-11-027371-7
e-ISBN 978-3-11-027438-7
ISSN 2193-0198

Library of Congress Cataloging-in-Publication Data
A CIP catalog record for this book has been applied for at the Library of Congress.

Bibliografische Information der Deutschen Nationalbibliothek
Die Deutsche Nationalbibliothek verzeichnet diese Publikation in der
Deutschen Nationalbibliografie; detaillierte bibliografische Daten
sind im Internet über http://dnb.dnb.de abrufbar

© 2013 Walter de Gruyter GmbH, Berlin/Boston
Zeichnungen der Lehrszenarien: Karin Grünleitner
Satz: jürgen ullrich typosatz, Nördlingen
Druck und Bindung: Strauss GmbH, Mörlenbach
♾ Gedruckt auf säurefreiem Papier
Printed in Germany

www.degruyter.com

Inhalt

1 **Einleitung** —— 1

2 **Warum „Informationskompetenz"?** —— 3

3 **Bibliothek als Lernort – Teaching Library** —— 5

4 **Lerntheoretische Grundlagen für die Realisierung von Lehrszenarien an der Teaching Library** —— 8

5 **Lehrstrategien für die Realisierung von Lehrszenarien an der Teaching Library** —— 11
5.1 Expositorisches Lehren —— 11
5.2 Cognitive Apprenticeship —— 14
5.3 MOMBI —— 17
5.4 Entdecken-lassendes Lehren —— 20
5.5 Problembasiertes Lehren —— 22

6 **Lehrmethoden für die Realisierung von Lehrszenarien an der Teaching Library** —— 26

7 **Möglichkeiten von Blended Learning in der Teaching Library** —— 55

8 **Der Weg vom Lehrszenario zur Realisierung** —— 65
8.1 Voraussetzungen als Ausgangspunkt einer Schulung —— 65
8.2 Lernziele als Ziel einer Schulung —— 66
8.3 Vorgehen beim Planen von Schulungen —— 68
8.4 Den Weg planen – Strategien und Methoden wählen —— 70

9 **Lehrszenarien im Lernort Bibliothek** —— 75
9.1 Szenario „Kurzeinführung in die Nutzung von Datenbanken" —— 76
9.2 Szenario „Führung durch eine Hochschulbibliothek" —— 79
9.3 Szenario „Führung durch eine Institutsbibliothek" —— 82
9.4 Szenario „Informationskompetenz für Fortgeschrittene" —— 86
9.5 Szenario „Informationskompetenz für Wissenschaftler/innen" —— 91
9.6 Szenario „Informationskompetenz für studentische Tutor/innen" —— 95
9.7 Szenario „Einführung in die Bibliotheksbenutzung und in die Fachinformationsrecherche für internationalen Studiengang" —— 99
9.8 Szenario „Seminarkurs" —— 102
9.9 Szenario „Informationskompetenz für Bachelorstudierende" —— 106
9.10 Szenario „Vermittlung von Fachinformationskompetenz im Rahmen einer Lehrveranstaltung (eingebettet)" (mehrere Lehreinheiten) —— 111

10 **Abschluss** —— 117

Literatur —— 118
Über die Autoren —— 122

1 Einleitung

Der Umfang an Einführungen, Schulungen und Kursen in Bibliotheken hat in den vergangenen Jahren laufend zugenommen. Es gibt Hochschulbibliotheken, die mehrere tausend Schüler/innen, Studierende und sonstige Interessierte im Hinblick auf Medien- und Informationskompetenz fördern und dafür mehrere hundert Stunden, manchmal auch über tausend Stunden aufwenden. Bei stagnierender Personalkapazität in den Bibliotheken ist dieser Aufwand nicht ohne Weiteres zu rechtfertigen, wenn nicht für pädagogisch-didaktische Professionalität gesorgt wird. Vielfach werden Einführungen zur Förderung von Informations- und Bibliothekskompetenz von Bibliotheksmitarbeiter/innen ohne vorherige didaktische Qualifizierung übernommen. Verbreitet ist die Auffassung, dass es für diese Aufgabe keiner besonderen pädagogischen Kompetenz bedürfe, sondern vor allem bibliothekarischen Wissens und Könnens, das man an die Studierenden mithilfe von Präsentationen im Vortragsstil, flankiert von praktischen Übungen an Bibliotheksrechnern, weitergebe.

Jedoch haben sowohl die verschiedenen lokalen Erhebungen in den Hochschulbibliotheken als auch die Evaluationen und Feedbacks seitens der Studierenden ergeben, dass eine didaktisch gut strukturierte Schulung der Bibliothek besser angenommen wird und für den eigenen Zuwachs an Informationskompetenz ergiebiger ist als improvisierte Kurse.

Hinzu kommt, dass didaktisches Können die Lehrenden selbst entlastet, da sie dann in der Lage sind, effektiver zu planen und vorzubereiten und die Kurse selbst mit mehr Sicherheit durchzuführen.

Eine didaktische Qualifizierung des Bibliothekspersonals erscheint also wünschenswert. Sie kann im Rahmen von Fortbildungen der Hochschuldidaktik oder pädagogischer Institute (Fischer & Blumschein, 2003; Fischer & Diez, 2006; Hawelka et al., 2007; Sühl-Strohmenger, 2003; Sühl-Strohmenger & Straub, 2008; Winteler, 2008) realisiert werden, kann aber auch im Selbststudium erfolgen.

Das vorliegende Buch möchte zu dieser didaktischen Qualifizierung beitragen. Es richtet sich in erster Linie an die Personen in den Bibliotheken, die für die Einführungen zur Förderung von Informations-, Medien- und Bibliothekskompetenz zuständig sind, mit Schwerpunkt auf den wissenschaftlichen Bibliotheken und den Hochschulbibliotheken. Sodann richtet sich das Lehrbuch an Studierende eines bibliotheks- und informationswissenschaftlichen Studiums, an Teilnehmer/innen an einer bibliothekspraktischen Ausbildung, an Weiterbildungsinteressierte aus den Bibliotheken und auch an Lehrkräfte oder Tutor/innen, die ohne bibliothekarische Fachunterstützung ihren Schüler/innen und Studierenden die Nutzung einer Bibliothek und fundierte Kenntnisse bei der Informations- und Literatursuche vermitteln möchten.

Der Nutzen des vorliegenden Leitfadens ist darin zu sehen, dass die verfügbaren Lehrbücher zur Schul- oder zur Hochschuldidaktik teilweise gut geeignet sind, um sich grundlegendes didaktisches Wissen anzueignen, weniger jedoch, um den Anforderungen der Teaching Library gerecht zu werden. Die von den Bibliotheken angebotenen Kurse unterscheiden sich jedoch vom schulischen Unterricht und von Hochschulseminaren. So finden sie z. B. nicht selten punktuell und einmalig statt, haben eine heterogene, starken Schwankungen unterworfene Teilnehmerstruktur und finden in der Bibliotheksumgebung, also unter „Laborbedingungen" statt. Außerdem ist die Messung des Lernerfolgs schwieriger als in Schulen oder klassischen universitären Lehrveranstaltungen, da dieser sich erst später und entfernt in einem Proseminar, einem Hauptseminar, beim Anfertigen einer schriftlichen Hausarbeit, einem Referat, einer Seminarkursarbeit oder einer Abschlussarbeit zeigt.

Aufgrund dieser speziellen Bedingungen des Lehrens in der Teaching Library erscheint ein eigenständiges Lehrbuch sinnvoll und notwendig. Es reflektiert die besonderen Bedingungen der Bibliothekskurse und bietet konkrete didaktische Lösungs- und Realisierungsvorschläge für das ganze Spektrum der unterschiedlichen Lehr-Lernformate an Bibliotheken auf der Grundlage des aktuellen Forschungsstandes zum Lehren und Lernen.

Nach einer kurzen Übersicht über das Thema Informationskompetenz und die Rolle und Funktionen der Teaching Library stellen wir im Kapitel 4 die lerntheoretischen Grundlagen dar, über die alle Bibliothekar/innen verfügen sollten, die mit Schulungen befasst sind. Diese Grundlagen sind nötig, um begründet und bewusst Schulungen gestalten und durchführen zu können. Ohne dieses Wissen kann Handeln im Kontext von Schulungen nur zufällig erfolgreich sein. Um die Theorie gleich praktisch nutzbar zu machen, stellen wir im fünften Kapitel verschiedene Lehrstrategien vor, die erstens die theoretischen und empirischen Erkenntnisse über das Lernen berücksichtigen und zweitens konkrete Vorschläge liefern, wie Schulungen erfolgreich durchgeführt werden können. Bei den Strategien handelt es sich sozusagen um Gerüste von Schulungen. Diese Gerüste müssen beim konkreten Planen dann methodisch umgesetzt werden. Dafür bietet Ihnen das Kapitel 6 eine ausführliche Methodensammlung, die jeweils auch konkrete Anwendungsbeispiele der Methoden für den Bibliothekskontext bietet. In Kapitel 7 zeigen wir Ihnen dann, wie online-Phasen sinnvoll in Schulungen eingebunden werden können. Dafür stellen wir Möglichkeiten des Blended Learning und geeignete Tools vor. In Kapitel 8 zeigen wir Ihnen dann, wie man die theoretisch vorgestellten Strategien, Methoden und Möglichkeiten des Blended Learning konkret für Schulungen im Kontext der Teaching Library umsetzen kann. Wir haben insgesamt zehn mögliche Szenarien der Teaching Library dargestellt und konkrete Vorschläge für deren Realisierung erarbeitet. Dabei begründen wir jeweils unser Vorgehen mit Bezug zu unseren theoretischen Ausführungen aus den ersten Kapiteln des Buches, um Sie mit diesen vertrauter zu machen. Kapitel 9 bietet Ihnen eine konkrete Heuristik an, wie man effektiv Schulungen planen kann. Wir stellen Ihnen vor, wie Sie Voraussetzungen antizipieren und festlegen, Lernziele optimal formulieren und wie sie eine konkrete Lehrstrategie auswählen und methodisch realisieren können. Dieses Kapitel gibt Ihnen das Handwerkszeug, mit dem sie konkret planen können.

2 Warum „Informationskompetenz"?

In der digital geprägten Informations- und Wissenswelt, in der das Internet eine zentrale Rolle spielt und in der die zu verarbeitenden Informationsmengen den Einzelnen zu überfordern drohen, sind Kenntnisse, Fähigkeiten und Fertigkeiten der überlegten Informationspraxis unverzichtbar für den Bildungserfolg. Informationskompetenz ist also eine Schlüsselqualifikation, die auf den basalen Fertigkeiten des Lesens und Schreibens aufbaut und dann in der weiterführenden Schule, im Studium, in der Berufsbildung und in der Weiterbildung gefestigt und weiter entwickelt werden muss (Gapski & Tekster, 2009).

„Information" ist dabei als übergeordneter Begriff für alle möglichen Medien, Ressourcen, Dienstleistungen und Technologien zu verstehen, die für die Wissensbildung beim Lernen, Studieren und Forschen eingesetzt werden. Als erstes gilt es die Begriffe „Daten", „Informationen" und „Wissen" zu unterscheiden.

Diese Begriffe werden häufig in einer Hierarchie dargestellt. Eine solche Begriffshierarchie wurde das erste Mal von Klaus North in Form einer Wissenstreppe präsentiert (vgl. Abb. 1). Im Sinne dieser Hierarchie bestehen Daten aus sinnvoll kombinierten Zeichen (Buchstaben, Ziffern). Sie sind codierte Beobachtungen, die sich in Form von Zahlen, Sprache oder Texten und Bildern ausdrücken. Was nicht in diese Codierungsformen gepresst werden kann, ist als Datum nicht existent (Willke, 2001, S. 7).

Diese Daten werden zu Informationen, wenn sie interpretiert werden und dadurch Bedeutung erlangen. Ein Sender veröffentlicht diese Daten also mit der Absicht, dem Empfänger als Informationen zu dienen.

Auf der Basis von Informationen kann schließlich Wissen generiert werden. Dieses entsteht, wenn Menschen mit Informationen in einem gewissen Kontext arbeiten, indem sie diese bewerten, vergleichen, kommunizieren und vernetzen. Wissen ist im Gegensatz zu Informationen personengebunden. Es ist „immateriell, intangibel (nicht greifbar), subjektiv und existiert nur im Kopf des Menschen" (Hasler Roumois, 2010, S. 42).

Abb. 1: Wissenstreppe (entnommen aus: North, 2011, S. 36).

Ob und wie Informationen zu Wissen vernetzt werden, ist von der Person und deren Sozialisation, ihren Lernprozessen, Erfahrungen und Werten abhängig. Es zeigt sich erst im Wissenstransfer, d. h. in der konkreten Anwendung des Wissens.

In Anbetracht der Dominanz elektronisch verfügbarer Information bezieht sich die Schlüsselqualifikation Informationskompetenz wesentlich auf digitale Ressourcen und Dienste, die meistens im Internet nutzbar sind, sei es frei verfügbar oder aber lizenziert durch die betreffende Einrichtung (meistens die Hochschulbibliothek). In diesem Kontext umfasst Informationskompetenz

- **die Fähigkeit zur gezielten Auswahl** von Katalogen, Fachportalen, Suchmaschinen, Datensammlungen und sonstigen Medien- und Informationsressourcen, die bedeutsam für die eigenen Lern-, Studien- oder Forschungsvorhaben sein können,
- die **Medienkompetenz** im Hinblick auf die Vielfalt der gedruckten, digitalen und multimedialen Medien einerseits, sowie andererseits deren wechselseitige Durchdringung und Konvergenz (Crossmedia),
- **informations- und kommunikationstechnische Fähigkeiten**, um diese Ressourcen effizient nutzen zu können (ICT Literacy Skills),
- die **Kompetenz** im Kontext heterogener Informationsressourcen **zu recherchieren** (Franke, Klein & Schüller-Zwierlein, 2010),
- die Fähigkeit zur **Auswahl und Bewertung** der gefundenen Information, einerseits im Licht der Brauchbarkeit für die eigene Themenstellung, andererseits unter den Gesichtspunkten der Seriosität oder der Wissenschaftlichkeit,
- die **Beherrschung von Werkzeugen** zur Informationsverarbeitung und zum persönlichen Wissensmanagement (Reinmann & Mandl, 2004; Reinmann & Eppler, 2008), zum Beispiel der Umgang mit Literaturverwaltungsprogrammen,
- die Fähigkeit, **Ergebnisse präsentieren und kommunizieren** zu können, sowie den gesamten Prozess der Informationssuche, Informationsauswahl und -bewertung sowie der Informationsverarbeitung bewerten zu können.

Informationskompetenz kann in diesem Sinne als Voraussetzung für die Fähigkeit zur Konstruktion von Wissen gelten, denn jeder Mensch muss, wie oben skizziert wurde, selbst auf der Basis von Daten und Informationen schließlich sein eigenes Wissen konstruieren. Beherrscht er den Umgang mit Daten, interpretiert sie angemessen, so dass sie zu adäquaten Informationen werden, d. h. ist er informationskompetent, so ist eine angemessenere Konstruktion von Wissen zu erwarten, als wenn jemand kein Handwerkszeug im Umgang mit der heutigen Datenmenge erworben hat.

Weiterführende Literatur

Franke, F., Klein, A., & Schüller-Zwierlein, A. (2010). *Schlüsselkompetenzen: Literatur recherchieren in Bibliotheken und Internet.* Stuttgart: Metzler.

Hasler Roumois, U. (2010). *Studienbuch Wissensmanagement. Grundlagen der Wissensarbeit in Wirtschafts-, Non-Profit- und Public-Organisationen.* 2. Aufl. Zürich: Orell Füssli (UTB 2954).

Homann, B. (2000). *Informationskompetenz als Grundlage für Bibliothekarische Schulungskonzepte.* Bibliotheksdienst 34 (6), 968–978.

Ingold, M. (2005). *Das bibliothekarische Konzept der Informationskompetenz. Ein Überblick.* (Berliner Handreichungen zur Bibliothekswissenschaft 128). Berlin: Institut für Bibliothekswissenschaft der Humboldt-Universität zu Berlin 2005.

Reinmann, G. & Eppler, M. J. (2008): *Wissenswege. Methoden für das persönliche Wissensmanagement.* Bern: Huber, Hogrefe (Lernen mit neuen Medien).

Reinmann, G & Mandl, H. (Hrsg.) (2004). *Psychologie des Wissensmanagements. Perspektiven, Theorien und Methoden.* Göttingen, Bern u. a.: Hogrefe.

3 Bibliothek als Lernort – Teaching Library

Die Hochschulbibliotheken und auch die öffentlichen Bibliotheken in Deutschland haben sich seit den 1990er Jahren der Aufgabe gestellt, die ehemals auf die lokalen Angebote beschränkten Nutzerschulungen durch Adaption der „Information Literacy"[1] aus dem angloamerikanischen Raum zu einem differenzierten System von Einführungen und Schulungen weiterzuentwickeln. Diese Schulungen sollen auf übergreifende Fähigkeiten und Strategien beim Umgang mit vorwiegend elektronischer Fachinformation – unter Einschluss der über den beschränkten Rahmen der lokalen Bibliothek hinaus reichenden Internetressourcen – abzielen, also auf Informationskompetenz, wie sie im vorigen Kapitel beschrieben wurde. Die Teaching Library hilft vor allem den Studierenden, aber auch den Wissenschaftler/innen und Schüler/innen (Wittich & Jasiewicz, 2011; Sühl-Strohmenger, 2011) bei der Informationssuche, der Informationsauswahl und -bewertung sowie der Informationsverarbeitung im Rahmen von Lehrveranstaltungen der Bibliothek, aber auch durch E-Learning-Angebote oder auch durch Lernberatung am „point of need" (Hütte et al., 2009).

Die öffentlichen Bibliotheken haben für ihren Bereich diese Ansätze nach der Jahrtausendwende ebenfalls aufgegriffen und sowohl für Kinder und Jugendliche als auch für Erwachsene und ältere Menschen ein differenziertes, bedarfsgerechtes Schulungsprogramm in enger Kooperation mit den Schulen und der Erwachsenenbildung entwickelt.

Bibliotheken werden also zunehmend zu Lernorten und zu Teaching Libraries, die in den Hochschulen als Supportstrukturen der Lehre wirksam werden können, und die zudem die außerschulische Bildung unterstützen, indem sie die für das Lebenslange Lernen benötigten Schlüsselqualifikationen der Informations- und Medienkompetenz bei Jugendlichen und bei Erwachsenen fördern (Lux & Sühl-Strohmenger, 2004; Krauß-Leichert, 2007).

Der Lehr-Lernort Bibliothek wird von den Bibliothekarinnen und Bibliothekaren getragen, die sich dafür didaktisch qualifizieren und fortbilden. Sie beschränken ihre Kursangebote keineswegs auf Schüler/innen (Dannenberg & Haase, 2007) und Studienanfänger/innen, sondern widmen sich auch dem spezielleren Informationsbedarf der Fortgeschrittenen und Wissenschaftler/innen.

Der größte Anteil von Schulungen zur Förderung von Informationskompetenz richtet sich in den wissenschaftlichen Bibliotheken jedoch natürlich an Studierende und Wissenschaftler/innen. Die Verbesserung ihrer Informationspraxis erstreckt sich auf eine heterogene Vielfalt an Medien, Informationsressourcen und Informationszugängen, auf die möglichst effiziente und effektive Informationssuche einschließlich der Auswahl und der Bewertung gefundener Information sowie auf deren Verarbeitung und das Publizieren (Sühl-Strohmenger, 2008).

---

[1] Vgl. Association of College and Research Libraries: Information Literacy Competency Standards for Higher Education, 18. 1. 2000. http://www.ala.org/acrl/standards/informationliteracycompetency (28. 12. 2011).

Die Förderung von Informationskompetenz in der Teaching Library bezieht sich dabei auf **Standards der Informationskompetenz** für Studierende[2] (Peacock, 2004; Homann, 2007), die auf nationaler Ebene 2010 vom Deutschen Bibliotheksverband verabschiedet wurden, nachdem aus den regionalen Arbeitsgemeinschaften der Hochschulbibliotheken entsprechende Vorarbeiten geleistet worden sind. So sind die vom Netzwerk Informationskompetenz Baden-Württemberg in Anlehnung an die ACRL-Standards (American College & Research Libraries) formulierten Standards der Informationskompetenz für Studierende als nationale Standards weitgehend übernommen worden.

Das Internet ist zu einem wesentlichen Kennzeichen der digital geprägten Wissensgesellschaft geworden und fordert insofern immer ausgeprägtere Fähigkeiten, Fertigkeiten und Kenntnisse des individuellen wie des gesellschaftlichen Umgangs mit den Möglichkeiten und den Diensten, aber auch den Risiken und den Gefahren der neuen Informationstechnologien. Für wissenschaftliche Bibliotheken ist das Internet längst ein integraler Bestandteil ihres gesamten Organisations- und Serviceportfolios geworden, und die Auseinandersetzung mit dem Internet hat schon lange vor der Einführung der deutschen Standards zu Schulungen zur Förderung von Informationskompetenz der Studierender aber auch der Gymnasialschüler/innen gehört. Die Bibliotheken tun dies nicht nur im Rahmen von Lehr- oder Bibliotheksveranstaltungen, sondern zunehmend auch mithilfe ihrer räumlich-technischen Infrastruktur: Sie entwickeln sich immer mehr zu attraktiven Lernorten (Eigenbrodt, 2010) und bieten somit ideale Möglichkeiten auch für das non-formale oder das informelle Lernen, wie es etwa im Modell der Information Commons (Gläser, 2008) verankert ist.

Unter informellem Lernen ist – in Anknüpfung an eine Definition der Europäischen Kommission aus dem Jahr 2001 – das Lernen im Alltag, am Arbeitsplatz, in der Familie und in der Freizeit zu verstehen, das nicht strukturiert und nicht auf Zertifikate bezogen, meistens nichtintentional stattfindet (Overwien, 2005; Wittwer, 2003). Dadurch unterscheidet es sich grundlegend vom formalen Lernen, das institutionell geprägt, planmäßig strukturiert ist und mit anerkannten Zertifikaten abschließt. Informelles Lernen kann insofern unterstützt werden, indem anregende Lernumgebungen geschaffen und die Fähigkeit zur Selbststeuerung des Lernens gestärkt werden.

Die Europäische Kommission empfiehlt, den Grad der Intentionalität aus der angenommenen Perspektive der Lernenden zu ergänzen. Sie unterscheidet demzufolge formales Lernen, das in einer Bildungs- oder Ausbildungseinrichtung stattfindet, nicht-formales Lernen, das weder in einer Bildungseinrichtung stattfindet noch zertifiziert ist, und informelles Lernen, das im Alltag, am Arbeitsplatz, im Familienkreis oder in der Freizeit stattfindet und üblicherweise auch nicht zu einer Zertifizierung führt. In den meisten Fällen ist es nichtintentional oder inzidentiell, also beiläufig.

Information Commons

- umfassen Lernräume für selbstorganisiertes Lernen, auch in Gruppen, im Kontext einer entsprechend gestalteten Lernumgebung, mit flexibler Arbeitsplatzgestaltung, sowohl architektonisch als auch im Hinblick auf die technische Infrastruktur, auch mit Lernunterstützung.

---

[2] Deutscher Bibliotheksverband e.V. Dienstleistungskommission. (Stand: 03. 07. 2009). http://www.bibliotheksverband.de/fileadmin/user_upload/Kommissioen/Kom_Dienstleistung/Publikationen/Standards_Infokompetenz_03.07.2009_endg.pdf (28. 12. 2011).

Die Information Commons-Lernumgebung eröffnet also einerseits den Zugang zu ansonsten für die einzelnen Studierenden nicht ohne Weiteres verfügbaren Ressourcen, sie stellt andererseits mit ihrer variablen Raumgestaltung den für Zusammenarbeit und Interaktionen zwischen Studierenden geeigneten Rahmen dar. Das mithilfe der Information Commons angeregte selbstorganisierte entdeckende und produktive Lernen fördert möglicherweise das Lernengagement in den Kursen und im Fach selbst.

Eine Bibliothek, die als Teaching Library auftreten möchte, muss desweiteren eine Reihe von Verpflichtungen erfüllen, will sie tatsächlich eine langfristig wirksame Supportstruktur für die Förderung von Informationskompetenz in Studium und Lehre aufbauen. In personeller Hinsicht kann der Lehr-Lernort Bibliothek nur funktionieren, wenn didaktisch qualifiziertes Bibliothekspersonal – darunter vor allem auch die Fachreferent/innen – in ausreichendem Umfang zur Verfügung steht und dieses die neue pädagogische Rolle annimmt (Schultka, 2005; Torras, Saetre & Pemmer, 2009).

Zusätzlich muss die (zeitaufwändige) Präsenzlehre ergänzt werden durch elektronische Lernhilfen in Form von Online-Tutorials, wie sie beispielsweise die UB Heidelberg bietet, BlogQuests, wie sie von der UB Paderborn entwickelt wurden, oder auch durch einfach zu erstellende Materialien zum Selbstlernen, die auf der Lernplattform der Hochschule bereit gestellt werden können. Damit zeigt sich: Es ist noch viel zu tun, auch wenn die wissenschaftlichen Bibliotheken auf einem guten Weg sind, zu wirksamen Lehr-Lernorten zu werden.

Weiterführende Literatur

Dannenberg, D. & Haase, J. (2007). In 10 Schritten zur Teaching Library – erfolgreiche Planung bibliothekspädagogischer Veranstaltungen und ihre Einbindung in Curricula. In: Krauß-Leichert, U. (Hrsg.). *Teaching Library - eine Kernaufgabe für Bibliotheken*. Frankfurt a. M. u. a.: Peter Lang, S. 101–135.

Hütte, M. et al. (2009). *Von der Teaching Library zum Lernort Bibliothek*. Bibliothek – Forschung und Praxis 33 (2), 143–160.

Lux, C. & Sühl-Strohmenger, W. (2004). *Teaching Library in Deutschland. Vermittlung von Informations- du Medienkompetenz als Kernaufgabe für Öffentliche und Wissenschaftliche Bibliotheken*. (B.I.T.online – Innovativ. Bd. 9). Bd. 9 Wiesbaden: Dinges & Frick.

4 Lerntheoretische Grundlagen für die Realisierung von Lehrszenarien an der Teaching Library

Um sich adäquat damit beschäftigen zu können, wie man Schulungen gestalten kann, ist es notwendig, sich zunächst ein Grundverständnis darüber zu verschaffen, wie Lernen funktioniert, denn man kann Lernen in Schulungen nur dann angemessen unterstützen, wenn man seine Funktionsweise kennt. Wie auch ein Monteur die Funktionsweise einer Waschmaschine kennen muss, um sie zielgerichtet reparieren zu können, müssen Lehrende die Funktionsweise des Lernens ihrer Lernenden kennen, um ihr Lernen zielgerichtet anregen und unterstützen zu können.

Lernen als konstruktiven Prozess

Darüber, wie Lernen vonstatten geht, gibt es sehr verschiedene Vorstellungen (Seel & Hanke, 2010; Seel, 2003; Edelmann, 2005 u. a.). Derzeit ist es jedoch allgemeiner Konsens in der Wissenschaft, Lernen als einen konstruktiven Prozess zu betrachten, bei dem ein Lernender aktiv seine eigenen Wissensbestände konstruiert, erweitert oder auch verändert. In der Lernpsychologie spricht man in diesem Zusammenhang von den Wissensbeständen als kognitiven Strukturen, weil man sich vorstellt, dass das Wissen in Form von Konzepten und Relationen repräsentiert ist, die zusammen eine bei jedem Menschen individuelle Struktur aufweisen.

Dass Lernen als ein aktiver, konstruktiver Prozess verstanden wird, bei dem Wissen bzw. genauer gesagt die kognitive Struktur erweitert oder verändert wird, mag banal klingen, ist aber lange Zeit durchaus nicht allgemein anerkannt gewesen. Beispielsweise vertritt die unter dem Einfluss des Behaviorismus stehende Stimulus-Response-Theorie, die bis in die 60er Jahre des letzten Jahrhunderts als die zentrale Lerntheorie galt, die Auffassung, dass nur Gewohnheiten (habits) erworben werden (Seel & Hanke, 2010; Hilgard & Bower, 1975). In dieser Theorie wird davon ausgegangen, dass neue Informationen peripher vermittelt werden. Darunter ist zu verstehen, dass beispielsweise eine Ratte nur durch eine Verkettung von Muskelbewegungen dazu veranlasst wird, zu ihrem weit entfernten Futter zu rennen. Kognitive Lerntheorien gehen hingegen davon aus, dass die Ratte aufgrund von Gedächtnisleistung und von Erwartungen ihren Futterplatz suchen wird. Im Kontext von kognitiven Lerntheorien spricht man daher von zentraler Vermittlung.

Kognitive Lerntheorien

Entsprechend dieser Annahmen gehen auch die Meinungen darüber auseinander, wie neue Situationen verarbeitet werden. Während die Vertreter der Stimulus-Response-Theorie davon ausgehen, dass ein Lernender, der mit seinen bisher erworbenen Gewohnheiten nicht zum Ziel kommt, planlos nach dem Prinzip „Versuch und Irrtum" handelt, wird in kognitiven Theorien des Lernens die Auffassung vertreten, dass Menschen in solchen Situationen ihre kognitiven Strukturen, d. h. ihr Wissen, bewusst absuchen und auf Grundlage dieses Wissens Handlungen planen, um die Situation zu bewältigen (Seel & Hanke, 2010; Hilgard & Bower, 1975).

In diesem Sinne wird Lernen in einem kognitiv-konstruktivistischen Sinne heute also als ein Prozess des Erweiterns und Veränderns kognitiver Strukturen angesehen (Seel & Hanke, 2010; Seel, 2003). Dieses Erweitern und Verändern vollzieht sich dabei in Form von Wechselbeziehungen zwischen Wahrnehmung und Gedächtnis, wobei das bestehende Wissen eine wichtige, wenn nicht sogar die zentrale Rolle spielt.

Zu lernen bedeutet kognitiv-konstruktivistischen Lerntheorien entsprechend also immer, neue Informationen aufgrund bestehenden Wissens bzw. bestehender kognitiver Strukturen so zu verarbeiten, dass im weitesten Sinne neues Wissen entsteht, mit welchem eine unbekannte Situation bewältigt werden kann.

Den Ausgangspunkt eines Lernprozesses bilden damit stets neue Informationen aus der Umwelt, die ein Lernender an sein bisheriges Wissen und seine bisherigen Erfahrungen anpassen muss, oder die es erfordern, dass er sein bisheriges Wissen ihnen entsprechend verändert. Die zentrale Kraft ist dabei nach Piaget (1976) die Äquilibration, also die „dem Organismus innewohnende selbstregulatorische Tendenz zur Aufrechterhaltung oder Wiederherstellung eines Gleichgewichtes" (Trautner, 1991, S. 171). Dabei geht es um das Gleichgewicht zwischen bestehendem Wissen und neuen Informationen aus der Umwelt. Für die Verarbeitung dieser Informationen ist es dabei irrelevant, ob die Absicht besteht, diese bewusst zu lernen, oder ob man mit ihnen nur konfrontiert ist. In beiden Fällen wird der mit diesen neuen Informationen konfrontierte Mensch versuchen, diese mit den bereits bestehenden kognitiven Strukturen, die auch als Schemata bezeichnet werden, in Einklang zu bringen. Diesen Prozess bezeichnet Piaget als Adaptationsprozess. Um diese Adaptation, d. h. die Passung des eigenen Wissens, genauer der eigenen kognitiven Struktur und der eigenen Erfahrung mit neuer Information leisten zu können und Äquilibration zu erreichen, stehen dem Menschen nach Piaget die beiden komplementären Prozesse der Assimilation und der Akkommodation zur Verfügung.

Unter Assimilation wird dabei der Prozess verstanden, bei dem das Individuum die reizseitigen Informationen so verarbeitet, dass sie mit seinem bereits existierenden Wissen in Einklang gebracht werden (Piaget, 1976): Die neuen Informationen werden auf der Basis bisheriger Erfahrungen und bisherigen Wissens verstanden und interpretiert. Die neue Information wird also in die bestehende kognitive Struktur integriert (Buggle, 2004; Trautner, 1995) und damit die kognitive Struktur erweitert.

Gelingt es dem Lernenden jedoch nicht, die neue Information auf diese Weise in bereits bestehendes Wissen zu integrieren, d. h. zu assimilieren, so kommt es zur Akkommodation, dem zur Assimilation komplementären Prozess (Piaget, 1976; Seel, 1991). Dabei werden die bestehenden Strukturen entsprechend der neuen Informationen und Erfahrungen verändert: Die bestehende kognitive Struktur, das bestehende Wissen wird dem angepasst, womit sich das Individuum konfrontiert sieht. So wird das Bestehende verändert.

Wie sich zeigt, sind die beiden Prozesse der Assimilation und der Akkommodation also nie völlig unabhängig voneinander. Jede Assimilation ist von Akkommodation begleitet, denn die Integration neuer Informationen bedeutet immer, dass das bestehende Wissen zumindest erweitert werden muss. Dies wiederum kommt einer Akkommodation gleich. Die Adaptation hat somit einen doppelten Aspekt: „Sie ist immer sowohl Anpassung (und damit Umgestaltung) der Umwelt an den Organismus als auch Anpassung des Organismus und seiner Strukturen an die Umweltgegebenheiten" (Buggle, 2004, S. 25).

Kennen Sie ...?
Jean Piaget **(1896–1980), Professor für Psychologie in Genf, ab 1955 dort als Leiter des Centre international d'épistomologie génétique. P. beschäftigte sich mit den Zusammenhängen zwischen Sprache und Denken des Kindes, mit der Entstehung des Weltbildes und der Moral des Kindes sowie mit der frühkindlichen Entwicklung von Intelligenz. P. gilt als einer der Wegbereiter des Konstruktivismus, denn nach seiner Auffassung geht Denken aus dem Handeln hervor: Der Mensch konstruiert seine Begriffe so wie er Handlungen plant.**

Wie die Ausführungen zeigen, kann **kognitiv-konstruktives Lernen** demnach als das Zusammenspiel von Assimilation und Akkommodation definiert werden, denn Lernen bedeutet immer die Integration neuer, reizseitiger Informationen in bereits vorhandene Wissensstrukturen oder die Modifikation alter Wissensstrukturen aufgrund der neuen Informationen (Seel, 1991). Treibende Kraft hierbei ist das Bedürfnis nach innerem Gleichgewicht (Äquilibration).

Lernen kann also keineswegs als ein einfaches Anhäufen neuer Informationen verstanden werden, sondern ist ein aktiver, konstruktiver Prozess, bei dem der Lernende seine vorhandenen kognitiven Ressourcen organisiert, um neues Wissen zu generieren. Lernen resultiert somit aus der Interaktion zwischen neuer Information und bereits bestehendem Wissen und zeigt sich in Veränderungen dieses existierenden Wissens.

Nach diesen Ausführungen ist evident, dass Lernen eine mehr oder minder starke bzw. bewusste Modifikation der bestehenden kognitiven Strukturen bedeutet und in einer Veränderung und/oder Erweiterung von Wissensstrukturen resultiert. Damit wird deutlich, dass das bestehende Wissen eines Individuums, seine kognitive Struktur den zentralen Ausgangspunkt für das Lernen bildet.

Auf der Basis dieses Verständnisses von Lernen, welches mittlerweile durch empirische Untersuchungen als verhältnismäßig gut abgesichert gelten kann, ist es nun möglich zu überlegen, wie Schulungen gestaltet werden können, um Lernprozesse im Sinne von Erweiterungen und Veränderungen von Wissen anzuregen und zu unterstützen. Im folgenden Kapitel werden deshalb Lehrstrategien vorgestellt, die dies leisten können.

Weiterführende Literatur

Seel, N. M., & Hanke, U. (2010). *Lernen und Behalten*. Weinheim, Basel: Beltz.

5 Lehrstrategien für die Realisierung von Lehrszenarien an der Teaching Library

Vor dem Hintergrund des dargestellten Verständnisses von Lernen sind verschiedene Lehrstrategien entwickelt worden, die sich auch für das Lehren in der Teaching Library eignen (Sühl-Strohmenger, 2008a). Unter einer Lehrstrategie soll dabei das Vorgehen in Schulungen im Sinne einer Folge von Schritten, die unter Einhaltung bestimmter Prinzipien realisiert werden sollen, verstanden werden. Diese Schritte können dabei zumeist unterschiedlich realisiert werden, wobei jede Realisierung die Funktion erfüllen muss, die der in Frage stehende Schritt erfüllen soll.

Den Lehrstrategien, die hier vorgestellt werden, ist dabei gemeinsam, dass durch sie Lernen im Sinne des aktiven Konstruierens neuen Wissens angeregt und unterstützt werden kann. Dabei unterscheiden sie sich darin, wie stark der Lehrende den Lernprozess führt.

Im Folgenden werden die Lehrstrategien mit ihren vorgeschlagenen Schritten und Prinzipien vorgestellt. Um Ideen dafür zu bekommen, wie die einzelnen Schritte dann konkret realisiert werden können, kann die im übernächsten Kapitel dargebotene Methodensammlung genutzt werden. Die Darstellung der Lehrstrategien erfolgt dabei von Lehrstrategien, bei denen der Lehrende die Lernenden verhältnismäßig stark führt und lenkt, hin zu Lehrstrategien, bei denen der Lehrende wenig führt und lenkt (vgl. Abb. 2).

Expositorisches Lehren	Cognitive Apprenticeship	MOMBI	Entdeckenlassendes Lehren	Problembasiertes Lehren

Lehrerzentriert → *Lernerzentriert*

Abb. 2: Grad der Lehrerzentrierung der einzelnen Lehrstrategien.

5.1 Expositorisches Lehren

Eine Lehrstrategie, bei der dem Lehrenden eine sehr zentrale Rolle zukommt, ist das expositorische Lehrverfahren von Ausubel (1968).

Zentrales Kennzeichen dieses Lehrverfahrens ist, dass die zu lernenden Informationen vom Lehrenden aufbereitet und verbal präsentiert werden, während die Lernenden rezipieren und den Stoff in ihre bestehende kognitive Struktur einordnen. Um dieses Einordnen anzuregen und zu unterstützen, muss die verbale Präsentation im Sinne von Ausubel (1968) entsprechend verschiedener Prinzipien gestaltet sein:
- Advance organizer
- Progressives Differenzieren
- Konsolidierung
- Integrierendes Verbinden

Diese Lehrstrategie wird im Szenario 9.5 „Informationskompetenz für Wissenschaftler/innen" angewendet.

Das wohl zentralste und bekannteste Prinzip der Lehrstrategie von Ausubel, welches der Lehrende bei seinen verbalen Präsentationen zu berücksichtigen hat, ist der Advance Organizer. Ausgehend von der Annahme, dass die kognitive Struktur von Menschen hierarchisch organisiert ist, soll der Lehrende den Lernenden als Einstieg in den Lehr-Lernprozess einen solchen Advance Organizer präsentieren. Unter einem Advance Organizer ist dabei eine verbale Erklärung, ggf. begleitet von einer Visualisierung zu verstehen, die beim Lernenden „diejenigen allgemeinen und umfassenden

Begriffe aktiviert [...], die in seiner kognitiven Struktur bereits vorhanden sind und die als Ankergrund für das neu zu Lernende dienen können" (Söntgen & Jechle, 1996, S. 43). Ein Advance Organizer erfüllt damit die Funktion, Anknüpfungspunkte für das neu zu Lernende zu aktivieren und einen Überblick über die hierarchische Struktur des neu zu erwerbenden Wissens zu geben. Außerdem soll er über das Lernziel und die Vorgehensweise im weiteren Lehr-Lernprozess informieren und ggf. „auf Unterschiede zwischen dem neu zu Lernenden und dem, was [...] diesbezüglich als Vorwissen" (Söntgen & Jechle, 1996, S. 43) eingebracht wird, hinweisen.

Beispiele für visuelle Advance Organizer zum Thema Recherchetools und zum Thema Standorte und Medien der Bibliothek, die vom Lehrenden dann verbal zu erklären sind, geben Abb. 3 und 4.

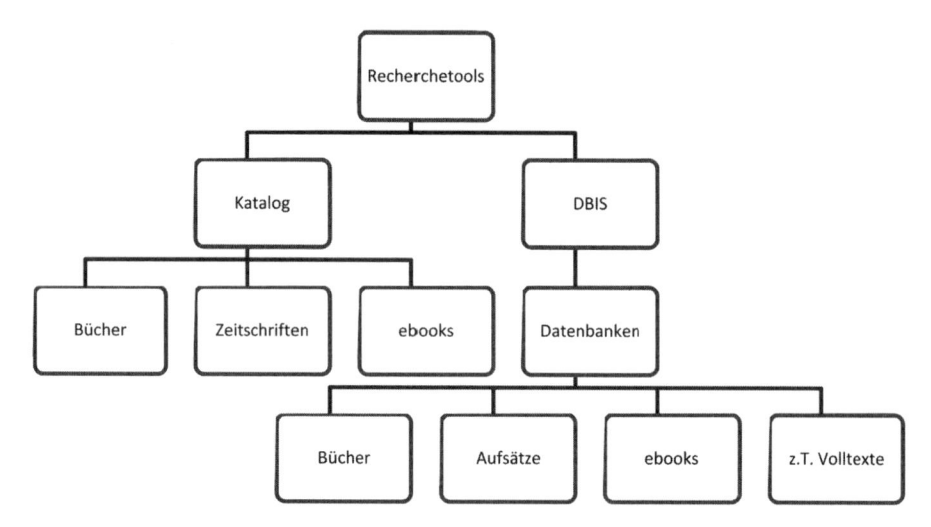

Abb. 3: Beispiel für einen Advance Organizer zum Thema Recherchetools.

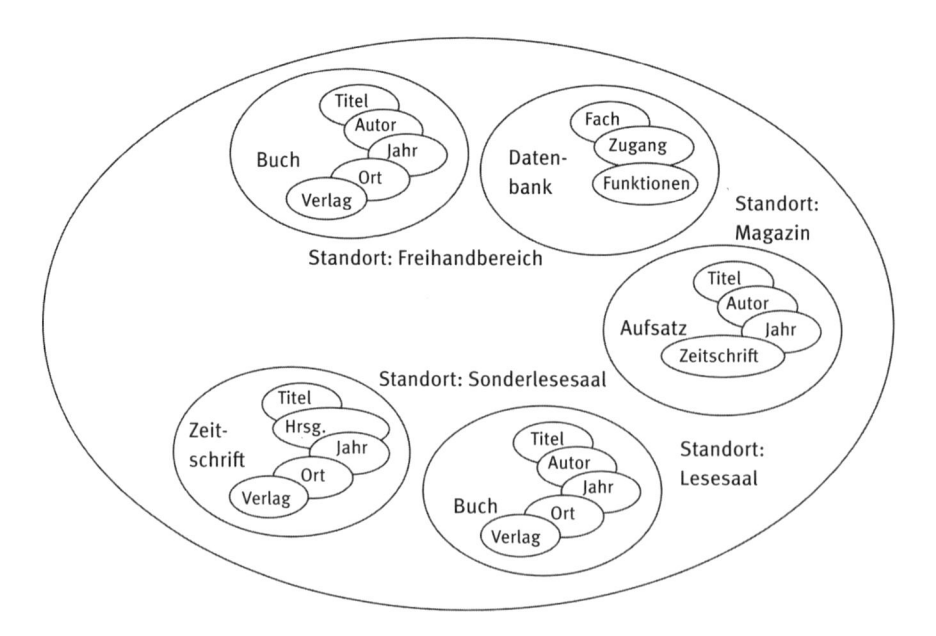

Abb. 4: Beispiel für einen Advance Organizer zum Thema Medien und Standorte der Bibliothek.

Nach der Präsentation eines Advance Organizers soll der Lehrende nach Ausubel dann progressiv differenzierend (Prinzip des progressiven Differenzierens), d. h. vom Globalen zum immer Detaillierteren vorgehen und damit die hierarchische Struktur des neuen Wissensbereichs in seiner Präsentation nachzeichnen. Dadurch sollen die Lernenden dazu angeregt werden, die neuen Informationen in ihre bestehende kognitive Struktur zu integrieren und ihre kognitive Struktur dadurch hierarchisch zu erweitern.

Konkret kann man sich dies so vorstellen, dass zunächst im Advance Organizer die hierarchische Struktur der neuen Information angeknüpft an die der bestehenden kognitiven Struktur der Lernenden vorgestellt wird, und diese hierarchische Struktur der neuen Information dann Schritt für Schritt vom Globalen zum Detaillierten, also der hierarchischen Struktur folgend, dargeboten wird.

Da es nicht ausreicht, wenn die Lernenden die präsentierten Informationen lediglich rezipieren und in ihre kognitiven Strukturen einordnen, um das neue Wissen zu festigen/konsolidieren, sollen die Phasen des verbalen Präsentierens nach Ausubel immer wieder durch Übungsphasen unterbrochen werden (Prinzip der Konsolidierung). Dadurch wird das längerfristige Behalten gewährleistet und der Transfer angeregt. Den Lernenden sollen also Aufgaben gestellt werden, die sie dazu anregen, ihr neues Wissen zu festigen und auf neue Kontexte zu übertragen. Dieses Üben in bereits bekannten Kontexten, aber auch die Anwendung in neuen Zusammenhängen wird als overlearning bezeichnet und ist unerlässlich, wenn Vergessen verhindert werden soll. Denn wie im vorhergehenden Kapitel dargestellt wurde, ist Lernen ja keineswegs ein rezeptiver Prozess, sondern einer, bei dem der Lernende aktiv sein eigenes Wissen konstruieren, d. h. seine kognitive Struktur erweitern und verändern muss.

Das Prinzip der Konsolidierung kann aber nicht nur durch Übungsphasen realisiert werden. Auch „durch Bestätigung, Rückmeldung, Korrektur, zusätzliche Klärungen, [...] Rückblicke im Verlauf wiederholter Auseinandersetzungen mit dem Lernmaterial, überlernen und auch durch häufiges Testen" (Straka & Macke, 1981, S. 124) können die neuen kognitiven Strukturen von Lernenden konsolidiert werden.

Nicht nur, aber vor allem am Ende einer Lern-Lehrsequenz soll dann alles integriert werden (Prinzip des integrierenden Verbindens). Hier hat der Lehrende die Aufgabe, den Lehr-Lernstoff noch einmal zusammenzufassen. Auf diese Weise gibt er erneut ein Überblick über die neuen Informationen und richtet das Augenmerk auf weiteres, was im Zusammenhang mit dem bisher Dargestellten steht, zum Beispiel auch aus anderen Fachbereichen.

Kennen Sie …?
David Paul Ausubel (1918–2008), amerikanischer Psychiater und Psychologe, dessen Hauptgebiet sich auf die Psychologie ethnischer Kulturen bezog, der aber auch wichtige Impulse für die Lernpsychologie lieferte.

Expositorisches Lehren

Das expositorische Lehrverfahren ist im Wesentlichen dadurch gekennzeichnet, dass der Lehrende die neuen Informationen unter Berücksichtigung der bestehenden kognitiven Struktur der Lernenden und der hierarchischen Struktur der neuen Informationen präsentiert und die Lernenden zum Konsolidieren ihres neuen Wissens anregt (vgl. Abb. 5). Wichtig ist hier zu betonen, dass Informationen nicht einfach irgendwie präsentiert werden sollen. Vielmehr sollen die Lernenden ihre bestehenden kognitiven Strukturen möglichst leicht erweitern oder verändern können, d. h. es soll ein Advance Organizer präsentiert und progressiv differenzierend vorgegangen werden, und es sollen Möglichkeiten zum Konsolidieren/Festigen und zur Integration gegeben werden.

```
┌─────────────────────┐
│  Advance Organizer  │
└──────────┬──────────┘
           ▼
┌─────────────────────────┐
│ verbales, progressiv    │
│ differenzierendes Präsentieren │
│ des neuen Inhalts       │
└──────────┬──────────────┘
           ▼
┌─────────────────────┐
│   Übungsphase       │
│   (Konsolidieren)   │
└──────────┬──────────┘
           ▼
┌─────────────────────────┐
│ Integrierendes Verbinden│
└─────────────────────────┘
```

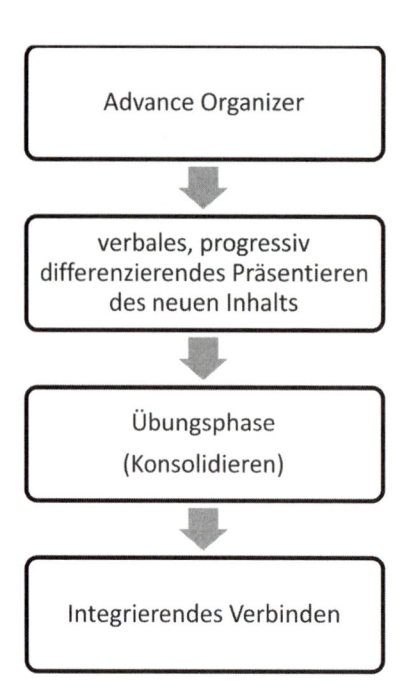

Abb. 5: Vorgehen beim expositorischen Lehrverfahren.

Im bibliotheksdidaktischen Bereich bezeichnet Homann (2009) das expositorische Lehrverfahren als lehrendes Konzept. Er stellt dieses Konzept dem explorativen Konzept (vgl. entdecken-lassendes Lehrverfahren) gegenüber und sieht als seine wesentlichsten Merkmale „die dominante Rolle des Veranstaltungsleiters und der primäre Einsatz des Lehrvortrags als Vermittlungsmethode" (Homann, 2009, S. 8) an.

5.2 Cognitive Apprenticeship

Diese Lehrstrategie wird im Szenario 9.7 „Einführung in die Bibliotheksbenutzung und in die Fachinformationsrecherche für einen internationalen Studiengang" angewendet.

Eine weitere Lehrstrategie, die Lernen anzuregen und zu unterstützen vermag, und bei der dem Lehrenden ebenfalls eine recht zentrale Rolle zukommt, ist die sogenannte Cognitive Apprenticeship (Collins, Brown, & Newman, 1989), im Deutschen auch als Kognitive Meisterlehre bekannt. Diese Lehrstrategie beruht auf den Prinzipien, wie Meister und Lehrling in handwerklichen Betrieben zusammenarbeiten. Der Meister ist dabei der Experte seines Fachs, der dem Lehrling, in der Forschungsliteratur oft als Novize bezeichnet, Fertigkeiten vermittelt und ihn in die Kunst seines Fachs einweist, indem er einerseits als Modell und gleichzeitig auch als Unterstützer fungiert. Dabei findet dieses Lehren und Lernen in authentischen Umgebungen statt, d. h. Lehren und Lernen geschieht dort, wo sowohl das zu erwerbende Wissen als auch die zu erwerbenden Fertigkeiten später angewendet und gebraucht werden.

Der Versuch, diese Art des Lehrens und Lernens auch auf den Bereich des kognitiven Lernens und damit den Erwerb kognitiver Fähigkeiten und Fertigkeiten zu übertragen, mündete in der Entwicklung der Cognitive Apprenticeship (Collins, Brown, & Newman, 1989).

Bei der Realisierung dieser Lehrstrategie soll der Lehrende die Prozesse, die beim Bearbeiten einer Aufgabe normalerweise innerlich ablaufen, externalisieren, d. h. verbalisieren, sodass die Lernenden, also die Novizen, Zugang zu den relevanten kognitiven Prozessen des Experten bekommen. Großes Gewicht kommt bei dieser Lehrstrategie außerdem dem Nachdenken über das Vorgehen des Experten und später auch dem Üben und dem Nachdenken über das eigene Vorgehen zu.

Wie dies genau erfolgen kann, beschreiben Collins, Brown und Newman (1989) durch die Folge der Schritte, die zu durchlaufen sind. Diese von den Autoren vorgesehenen Schritte lassen sich grob in zwei Gruppen einteilen: Die erste Gruppe bilden dabei die eher expositorischen Schritte, während die zweite Gruppe diejenigen Schritte beinhaltet, die mehr an entdecken-lassendes Lehren erinnern. Diese Schritte sind:

Expositorische Schritte
- Modeling
- Coaching
- Scaffolding und Fading

Entdecken-lassende Schritte
- Articulation
- Reflection
- Exploration

Indem diese Schritte durchlaufen werden, ermöglicht es der Lehrende den Lernenden, anwendungsbezogenes Wissen aufzubauen.

Um den Schritt des **Modeling** zu realisieren, soll der Lehrende Modell geben, d. h. er löst eine Aufgabe exemplarisch und wird dabei von den Lernenden beobachtet. Er externalisiert seine Überlegungen, also die kognitiven Prozesse so, dass die Lernenden erfahren, welche Überlegungen er anstellt, um die Aufgabe zu lösen. Im Falle einer Schulung zur Informationskompetenz würde der Lehrende den Lernenden z. B. vorführen, wie man in einer Datenbank eine einfache Suche durchführt, und würde während seines konkreten Tuns seine Überlegungen verbalisieren. Auf diese Weise können die Lernenden Prozesse nachvollziehen, die durch bloße Beobachtung nicht sichtbar sind, da sie mental ablaufen. Sie werden so in die Lage versetzt, sich ein Bild davon zu machen, wie man bei der Lösung einer bestimmten Aufgabe vorgehen könnte, und auf welcher Grundlage neue kognitive Strukturen aufgebaut werden können.

Durch einmaliges Beobachten wird die kognitive Struktur jedoch noch nicht längerfristig erweitert oder verändert. Dies kann erst durch mehrmaliges Üben und Reflektieren erfolgen. Da der Lernende zunächst nicht in der Lage ist, einen ganzen Problemlösevorgang alleine zu bewältigen, wird er anfangs vom Lehrenden „gecoacht" (**Coaching**). Darunter verstehen Collins, Brown und Newman (1989) eine Art von Training unter Anleitung. Die Lernenden lösen selbst eine Aufgabe, wobei sie Hilfen in Form von Hinweisen und Feedback vom Lehrenden erhalten. Beim Coaching bearbeiten die Lernenden also Aufgaben, während der Lehrende einerseits für Fragen bereitsteht, aber durchaus auch unterstützend eingreift, um falschem oder ungünstigem Vorgehen vorzubeugen und eventuell gewisse Teilabläufe nochmals oder genauer zu explizieren.

Während die Aufgaben, die die Lernenden bei der Realisierung des Coachings lösen, z. T. Teilaufgaben einer komplexen Aufgabe sind, lösen die Lernenden beim **Scaffolding** die gesamte komplexe Aufgabe. Um dies zu ermöglichen, übernimmt der Lehrende jedoch zum Teil Teilaufgaben, um für den Lernenden den Gesamtzusammenhang, bzw. den Gesamtablauf transparent zu halten. Würde er dies nicht tun, müsste der Lernende auch sehr spezielle Teilaufgaben übernehmen, wozu er jedoch noch nicht in der Lage ist. Ohne Unterstützung des Lehrenden müssten diese Teilaufgaben ganz gestrichen werden, mit der Folge, dass der Gesamtzusammenhang nicht mehr deutlich wäre.

Während der Realisierung des Scaffoldings werden dem Lernenden dann kontinuierlich immer mehr Teilaufgaben überlassen. Der Lehrende blendet sich selbst also zunehmend aus dem Prozess des Lösens einer Aufgabe aus und überlässt sie vollständig dem Lernenden. In der Terminologie der Cognitive Apprenticeship wird dies als **Fading** bezeichnet.

Die drei bisher genannten Schritte sind also eher expositorischer Natur, d. h. der Lehrende bietet einerseits sein Wissen dar, und andererseits üben die Novizen mit kontinuierlich abnehmender Unterstützung.

Bei den übrigen drei Schritten der Cognitive Apprenticeship steht das Nachdenken über die Prozesse beim Lösen der Aufgaben im Fokus.

Dabei ist der Schritt der **Articulation** relativ offen gehalten. Es geht hier darum, dass die Lernenden ihre intern ablaufenden Prozesse externalisieren, d. h. beim Lösen der Aufgabe artikulieren. Dieser Schritt lässt sich als begleitendes lautes Denken beim Lösen der Aufgabe realisieren. Wichtig ist, dass die Lernenden bei diesem Schritt dazu gebracht werden sollen, ihre Gedanken, Überlegungen und Entscheidungsfindungsprozesse in Worte zu fassen und sich dieser somit bewusst zu werden.

Beim Schritt der **Reflection** soll der Lehrende die Lernenden dazu anregen, ihre Lösungen der Aufgaben mit Lösungen anderer Lernender und der des Experten zu vergleichen. Dies soll sie dabei unterstützen, ihre eigenen Lösungswege kritisch zu begutachten, ggf. zu optimieren und zu festigen/konsolidieren.

Ein letzter Schritt der Cognitive Apprenticeship ist die sogenannte **Exploration**. Hier bekommen die Lernenden die Aufgabe, sich nun selbst Probleme zu stellen und diese selbstständig zu lösen. Sie sind also aufgefordert, selbst zu planen, Hypothesen aufzustellen und schließlich eigene Vorgehensweisen zu erproben. Dabei erhalten sie nur noch auf explizite Anfrage Hilfestellung des Lehrenden.

Nachdem die Lernenden also den Lehrenden beim Lösen einer Aufgabe beobachtet haben, wobei dieser seine Überlegungen etc. verbalisiert hat, lösen sie selbst Aufgaben. Dabei werden sie anfangs stark, dann immer weniger stark vom Lehrenden unterstützt. Außerdem werden sie beim Lösen der Aufgabe explizit dazu angeregt, ihre eigenen Überlegungen zu verbalisieren und ihre Lösungswege mit den Lösungswegen anderer Lernender und dem des Lehrenden zu vergleichen. Schließlich stellen sie sich selbstständig Aufgaben und lösen diese. Gelingt dies, so hat Lernen stattgefunden.

Dabei ist es den Autoren der Cognitive Apprenticeship wichtig, dass das Lehren und Lernen in möglichst authentischen Situationen stattfindet, denn sie nehmen an, dass Wissen und Fertigkeiten dann am besten einsetzbar sind, wenn sie in einer möglichst authentischen Lernumgebung gelernt werden. Damit wird dem sogenannten trägen Wissen vorgebeugt, d. h. solchem Wissen, welches zwar besteht, aber nicht anwendbar ist. Die Lernenden lernen in einem authentischen Umfeld nämlich gleich auch die Situationen und Bedingungen kennen, unter denen sie ihr Wissen, bzw. ihre Fertigkeiten später einsetzen können. Außerdem bringt ein authentischer Lernkontext mit sich, dass das Wissen und die Fertigkeiten nicht nur passiv aufgenommen, sondern gleich praktisch erprobt werden können, wie dies eben auch in einem Handwerksbetrieb der Fall ist.

Eine wesentliche Aufgabe von Lehrenden, die die Cognitive Apprenticeship realisieren, ist es damit, **Aufgaben für die Lernenden zu gestalten**. Dabei sollen die Aufgaben so angeordnet werden, dass sie zunehmend komplexer und vielfältiger werden und globaler Fertigkeiten vor lokalen Fertigkeiten bedürfen. Damit berücksichtigt die Cognitive Apprenticeship – wie auch das expositorische Lehren –, dass die kognitive Struktur hierarchisch aufgebaut ist.

Die Cognitive Apprenticeship als Lehrstrategie zu wählen, ist vor allem dann sinnvoll, wenn Fertigkeiten gelernt werden sollen. Durch den Modeling-Schritt beobachten und erfahren die Lernenden die zu erlernende Fertigkeit. Beim Coaching beginnen sie selbst, die Tätigkeit auszuführen, wobei sie zunächst noch viel, dann immer weniger Unterstützung erhalten (Scaffolding und Fading). Um das Neuerlernte zu festigen, werden die Lernenden außerdem gebeten, über ihr Tun zu sprechen und zu reflektieren, bevor sie schließlich dazu aufgefordert werden, die Aufgabe selbstständig zu übernehmen (vgl. Abb. 6).

```
┌─────────────────────────┐
│        Modeling         │
└─────────────────────────┘
             ↓
┌─────────────────────────┐
│        Coaching         │
└─────────────────────────┘
             ↓
┌─────────────────────────┐
│   Scaffolding & Fading  │
└─────────────────────────┘
             ↓
┌─────────────────────────┐
│ Articulation & Reflection│
└─────────────────────────┘
             ↓
┌─────────────────────────┐
│      Exploration        │
└─────────────────────────┘
```

Cognitive Apprenticeship

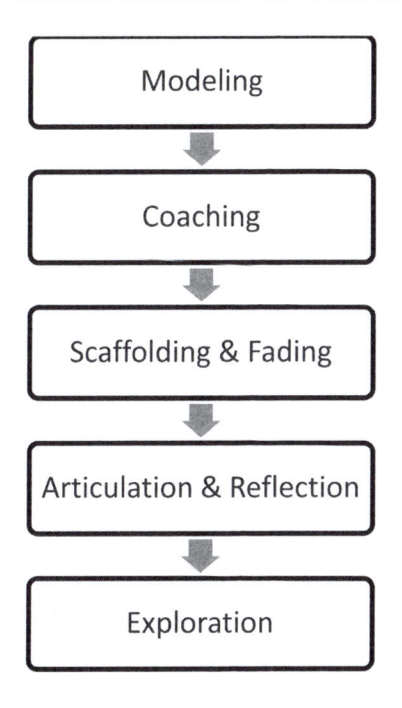

Abb. 6: Vorgehen bei der Cognitive Apprenticeship.

5.3 MOMBI

Im Gegensatz zu den beiden bisher dargestellten Lehrstrategien (expositorisches Lehren, Cognitive Apprenticeship) und den beiden noch vorzustellenden Lehrstrategien (entdecken-lassendes Lehren, problembasiertes Lehren), kann die Lehrstrategie MOMBI (Model of Model-Based Instruction, Hanke, 2008) sowohl durch eine relativ starke Lenkung des Lehrenden, als auch stark lernendenfokussiert realisiert werden. Jeder Schritt des MOMBI kann mit unterschiedlichen Methoden realisiert werden: Werden die Schritte vorwiegend durch lehrerzentrierte Methoden realisiert, so kommt dem Lehrenden eine ähnlich zentrale Funktion zu wie im expositorischen Lehrverfahren oder der Cognitive Apprenticeship; werden für die Realisierung der Schritte dagegen eher lernendenzentrierte Methoden gewählt, so tritt der Lehrende stärker in den Hintergrund, vergleichbar dem entdecken-lassenden Lehrverfahren oder dem problembasierten Lehren.

Auch die Lehrstrategie MOMBI basiert auf der Annahme, dass Lernen ein aktiver, konstruktiver und individueller Prozess ist, der durch Lehren nicht erzwungen, aber angeregt und unterstützt werden kann. Kennzeichen von MOMBI sind die fünf Schritte, die ein Lehrender nacheinander realisieren soll, um den Lernprozess seiner Lernenden optimal zu fördern. Dabei kann, wie bereits angedeutet wurde, jeder Schritt durch eine Fülle von Lehrmethoden realisiert werden, sodass Schulungen, die nach der Lehrstrategie MOMBI konzipiert wurden, nach außen hin trotzdem ein sehr

Diese Lehrstrategie wird im Szenario 9.1 „Kurzeinführung in die Nutzung von Datenbanken", im Szenario 9.2 „Führung durch eine Hochschulbibliothek", Szenario 9.4 „Informationskompetenz für Fortgeschrittene" und im Szenario 9.9 „Informationskompetenz für Bachelorstudierende" angewendet.

unterschiedliches Erscheinungsbild aufweisen können: Sie können mehr dem expositorischen Lehren ähneln oder auch mehr dem entdecken-lassenden Lehren.

Die fünf Schritte sind
- Provozieren,
- Aktivieren,
- Informieren,
- Unterstützen und
- Festigen.

Jeder dieser Lehrschritte erfüllt dabei die Funktion, genau einen Subprozess des Lernens anzuregen und zu unterstützen, und damit den Prozess des Lernens zu optimieren und effektiv zu machen.

Lernen im Alltag, d. h. also nicht durch Lehre unterstütztes Lernen, wird durch einen mentalen Ungleichgewichtszustand ausgelöst: Der Lernende ist durch irgendetwas, was seine Aufmerksamkeit erregt hat, irritiert. Deshalb beginnt er nachzudenken, um das Ungleichgewicht wieder aufzulösen, denn der Mensch strebt, wie bereits dargestellt wurde, nach innerem Gleichgewicht/Äquilibration (Piaget, 1976). Lernen wird also durch einen Ungleichgewichtszustand ausgelöst.

Provozieren

Einen solchen mentalen Ungleichgewichtszustand kann man auch durch Lehren hervorrufen. Diese Funktion erfüllt der erste Lehrschritt – das „**Provozieren**". Durch diesen Lehrschritt sollen die Lernenden in einen mentalen Ungleichgewichtszustand versetzt werden, damit sie beginnen, nachzudenken, damit also bei ihnen die Bereitschaft entsteht, ihr Wissen zu restrukturieren und zu erweitern. Der Lehrschritt des Provozierens unterstützt damit den ersten Teilprozess des Lernens.

Durch den Ungleichgewichtszustand wird, wie oben beschrieben, das Nachdenken angeregt. Dieses Nachdenken kann etwas genauer dadurch beschrieben werden, dass die Lernenden versuchen, ihr eigenes Vorwissen zu aktivieren, um so das Gleichgewicht wieder herzustellen. Auch dieser Subprozess des Lernens kann durch einen Lehrschritt unterstützt werden: durch das „**Aktivieren**". Die Lernenden sollen hier explizit dazu angeregt werden, bewusst ihr bestehendes Wissen zu aktivieren, um erste Ansatzpunkte in der kognitiven Struktur für das Verarbeiten der neuen Information und Anknüpfungspunkte für neues Wissen zu finden.

Aktivieren

Im Alltag mag das Vorwissen zum Teil, aber durchaus nicht immer, dazu ausreichen, das Gleichgewicht wieder herzustellen, indem die neue Information in die bestehende kognitive Struktur integriert oder in den Worten Piagets „assimiliert" wird. Aber gerade in formellen Lehrsituationen, wo es um den Erwerb von gänzlich neuem Wissen geht, reicht das Vorwissen der Lernenden wohl in den seltensten Fällen wirklich aus, um den Gleichgewichtszustand wieder herzustellen. In einer informellen Lernsituation würde der Lernende nun versuchen, die für das Wiederherstellen des Gleichgewichts nötigen Informationen zu suchen. Dieser Teilprozess des Lernens kann durch Lehre effektiver gestaltet werden. Der Lehrende kann hier die relevanten Informationen vorgeben oder bereitstellen (Lehrschritt „**Informieren**") und verhindert damit, dass sich die Lernenden „verlaufen", d. h. ungeeignete Informationsquellen nutzen. In diesem Lehrschritt liegt also der Vorteil einer formellen gegenüber einer informellen Lernsituation und ist daher auch derjenige Lehrschritt, den die meisten spontan mit dem Begriff des Lehrens verknüpfen, da hier neue Informationen erarbeitet und/oder präsentiert werden. Dieser Lehrschritt erfüllt damit die Funktion, den Prozess des Suchens von nötiger Information für das Wiederherstellen des Gleichgewichts zu optimieren und vor allem zu beschleunigen.

Informieren

Dann muss der Lernende die neu gefundenen Informationen, die in einer formellen Lehrsituation in der einen oder anderen Form präsentiert worden sind, in seine bestehende kognitive Struktur integrieren oder die bestehende kognitive Struktur restrukturieren, um so das Gleichgewicht wieder herzustellen. Auch dieser Subprozess kann durch Lehre angeregt werden: durch den Lehrschritt „**Unterstützen**". In diesem Schritt hat der Lehrende die Aufgabe, die Lernenden bei der Integration der neuen Informationen in ihre bestehende kognitive Struktur zu unterstützen. Dabei muss er ihnen Hilfestellungen geben und darauf achten, dass die neue Information aus wissenschaftlicher Sicht „richtig" integriert wird. Da Menschen nämlich nur darauf bedacht sind, ihr Gleichgewicht wieder herzustellen, egal ob durch „richtige" oder „falsche" Informationen, kommt den Lehrenden hier also die Aufgabe zu, die Lernenden dabei zu unterstützen, dass sie „richtiges" Wissen aufbauen und dadurch das Gleichgewicht wieder herstellen.

Unterstützen

Ist das Gleichgewicht wieder hergestellt, bedeutet dies jedoch zunächst nur, dass die irritierende neue Information in die bestehende kognitive Struktur integriert und diese restrukturiert wurde. Lernen impliziert aber auch, dass das neue Wissen längerfristig verfügbar ist. Um dies zu gewährleisten, üben und wiederholen Lernende im Alltag. Lehrende können diesen Teilprozess des Lernens unterstützen, indem sie ihren Lernenden Gelegenheiten zum Wiederholen und Üben geben. Dieser Lehrschritt wird als „**Festigen**" bezeichnet.

Festigen

Jeder Schritt von MOMBI (vgl. Abb. 7) erfüllt also die Funktion, den jeweiligen Teilprozess des Lernens zu unterstützen. „Provozieren" löst den Lernprozess aus, indem die Lernenden in einen mentalen Ungleichgewichtszustand versetzt werden. „Aktivieren" fördert die Lernenden darin, ihr Vorwissen zu aktivieren, um erste Anknüpfungspunkte für neues Wissen in der bestehenden kognitiven Struktur zu finden. „Informieren" liefert die nötige Information, um das Gleichgewicht wieder herzustellen, und das „Unterstützen" hilft den Lernenden dabei, dieses Gleichgewicht auch wirklich herzustellen. Anschließend fördert das „Festigen" den Übungsprozess und damit die längerfristige Speicherung der restrukturierten und/oder neuen kognitiven Strukturen.

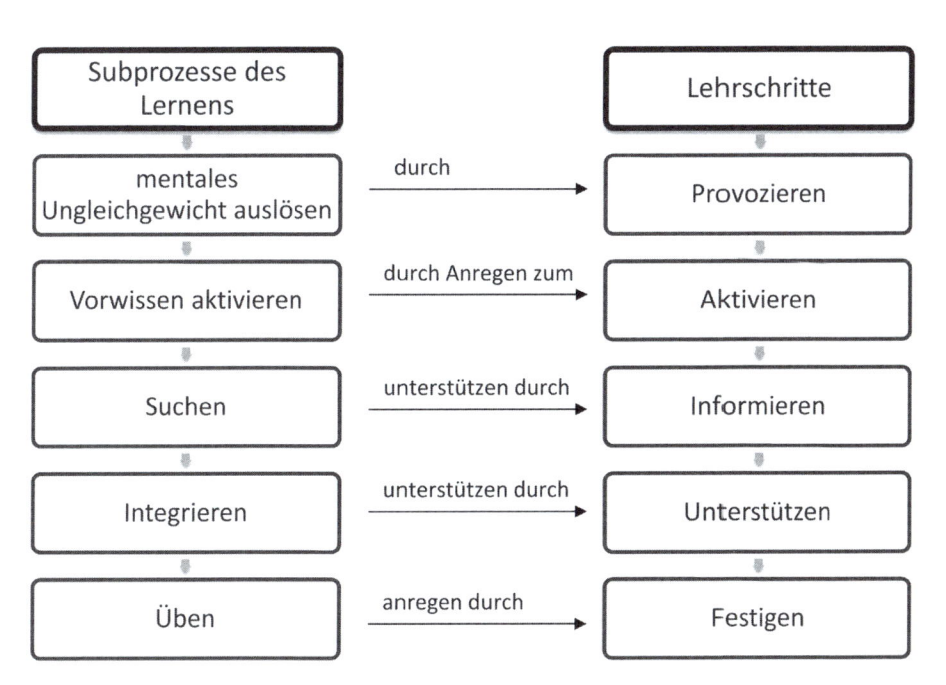

MOMBI

Subprozesse des Lernens		Lehrschritte
mentales Ungleichgewicht auslösen	durch	Provozieren
Vorwissen aktivieren	durch Anregen zum	Aktivieren
Suchen	unterstützen durch	Informieren
Integrieren	unterstützen durch	Unterstützen
Üben	anregen durch	Festigen

Abb. 7: MOMBI.

Wie bereits dargelegt wurde, können die einzelnen Lehrschritte durch unterschiedliche Lehrmethoden realisiert werden.

So kann das „Provozieren" z. B. durch die Präsentation eines provozierenden Bildes, einer Karikatur oder auch durch eine provozierende These, Frage oder Situationsschilderung erfolgen. Das „Informieren" kann durch einen klassischen Vortrag, eine Demonstration, Frontalunterricht oder auch durch das zur Verfügung stellen von gedruckten oder digitalen Informationsquellen realisiert werden.

Weitere Ideen für die Realisierung der einzelnen Schritte gibt die Methodensammlung.

5.4 Entdecken-lassendes Lehren

Diese Lehrstrategie wird im Szenario 9.3 Szenario „Führung durch eine Institutsbibliothek" und im Szenario 9.8 „Seminarkurs" angewendet.

Auch dem entdecken-lassenden Lehrverfahren (Bruner, 1975a) liegt das oben dargestellte Verständnis von Lernen als einem aktiven, konstruktiven und individuellen Prozess zugrunde. Dabei betont Bruner jedoch im Gegensatz zu beispielsweise Ausubel mit seinem expositorischen Lehrverfahren die Prozesshaftigkeit des Wissens („Knowing is a process, not a product." Bruner, 1975a, S. 72) und fokussiert dabei vor allem den Prozess des Abrufens von Wissen: „Das Geheimnis des Abrufens ist die Organisation oder mit einfacheren Worten, das Wissen, wo man die Information findet und wie man zu ihr gelangt" (Bruner, 1975b, S. 27). Damit betont Bruner, dass Lernen ein individueller Prozess ist, bei dem der Lernende sein Wissen so organisieren muss, dass er es später auch wiederfindet, d. h. abrufen kann. Um dies zu gewährleisten, muss der Lernende aktiv sein, Informationen aufnehmen, verarbeiten und speichern und dadurch seine kognitive Struktur erweitern oder verändern. Er muss also zum Konstrukteur seines eigenen Wissens werden, was man laut Bruner erreichen kann, indem „man das Entdecken beim Lernen betont" (Bruner, 1975b, S. 20).

Kennen Sie ...?
Jérôme Seymour Bruner **(geb. 1915), Professor für Psychologie an der New York University, stark beeinflusst vom Werk Piagets, befasste sich vor allem mit der Wahrnehmung, dem Lernen und dem Gedächtnis. Sein wichtigstes Werk „The process of education" erschien 1960.**

Auch wenn Bruner in seiner Lerntheorie Hinweise gibt, wie Lehre zu gestalten ist, hat er kein explizites Lehrverfahren entwickelt. Die folgenden Ausführungen über das entdecken-lassende Lehrverfahren beruhen daher auf Ausführungen einer Arbeitsgruppe um Eigler (1973), die das entdecken-lassende Lehrverfahren entwickelt hat, um Bruners Theorie für die Praxis des Lehrens nutzbar zu machen.

Das entdecken-lassende Lehrverfahren sieht drei Schritte vor:
- Präsentation,
- Methode des Entdeckens mit Lernhilfen und Artikulation und Reflexion,
- Rückmeldung.

Präsentation

In einem ersten Schritt sollen die Problemstellung, sowie die Lehr-Lernziele und das Vorgehen in der Schulung präsentiert werden (**Präsentation**).

Prozess des Entdeckens

Es folgt dann die Anregung des **Prozesses des Entdeckens**. Hierfür muss der Lehrende den Lernenden eine geeignete Aufgabe stellen, die diese dann zu lösen haben. Bei diesem Lösungsprozess erhalten sie vom Lehrenden bei Bedarf prozess- oder ergebnisorientierte Hilfen (Beispiele, vgl. Tabelle 1).

Unter prozessorientierten Lernhilfen sind dabei Hinweise zu verstehen, die die Lernenden beim Problemlösen unterstützen. Konkret kann dies so aussehen, dass die Lernenden angeregt werden, das Problem zu analysieren, Hypothesen zu formulieren oder diese zu überprüfen (Söntgen & Jechle, 1996).

Ergebnisorientierte Lernhilfen dagegen geben Informationen vor und zielen damit, wie der Name sagt, direkt auf das Ergebnis, d. h. auf die Lösung des Problems ab. Der Lehrende bringt dabei Informationen ein, „die der Schüler in den Problemlösungsprozess einzubringen selbst nicht in der Lage ist" (Eigler et al., 1973, S. 89). Durch ergebnisorientierte Lernhilfen soll also die Aufmerksamkeit gelenkt, an Vorkenntnisse erinnert und Hinweise auf Zusammenhänge gegeben werden. In bestimmten Fällen kann der Lehrende auch Teillösungen vorgeben, um ein Misslingen des Problemlösens zu verhindern.

Prozessorientierte Lernhilfen	Ergebnisorientierte Lernhilfen
– Überlegen Sie doch noch mal, wie Sie im Katalog gesucht haben.	– Nutzen Sie für diese Suche die Trunkierung.
– Klicken Sie doch mal auf „Hilfe". Vielleicht hilft Ihnen das weiter.	– Nein, diese Datenbank finden Sie unter „Psychologie".
– Sind Sie sicher, dass das ein geeignetes Schlagwort ist?	– Nutzen Sie für diese Suche die „erweiterte Suche".
– Überlegen Sie noch mal, wie die Signatur aufgebaut ist.	– Dieses Buch finden Sie im letzten Regal, rechts am Fenster.
– Denken Sie an die Systematik dieser Bibliothek.	– Klicken Sie auf „Freiburg Link". Dann gelangen Sie direkt zum Katalog.

Tab. 1: Beispiele für prozess- und ergebnisorientierte Lernhilfen.

Allgemein erfüllen die Lernhilfen die Funktion, die Lernenden anzuregen, ihr eigenes Tun zu reflektieren und zu artikulieren. Bruner schlägt auch vor, die Lernenden zum lauten Denken anzuregen, da dadurch für die Lernenden leichter klar wird, wo das Neue mit ihrem bereits vorhandenen Wissen verbunden werden könnte (Bruner, 1975b).

Nachdem das Problemlösen beendet wurde, erfolgt als dritter Schritt eine **Rückmeldung** durch den Lehrenden: Die Problemlösungsvorschläge der Lernenden werden gesammelt und denen des Lehrenden gegenüber gestellt. Auf diese Weise wird gewährleistet, dass die Lernenden auf jeden Fall die richtige Lösung kennen lernen. Außerdem werden auch andere Lösungswege aufgezeigt und damit eventuell Anregungen für eine spätere Problemlösesituation gegeben.

Im Hinblick auf das Problem, welches die Lernenden bearbeiten sollen, fordert Bruner authentische Probleme mit Modellcharakter. Er ist der Überzeugung, dass Menschen, wenn sie Probleme als solche erkennen, diese auch lösen wollen. Demnach sind die Probleme so zu wählen, dass sie für die Lernenden bedeutungsvoll sind und die Lernenden in einen Ungleichgewichtszustand (Piaget, 1976 und MOMBI) versetzen. Dadurch kann sichergestellt werden, dass die Lernenden motiviert sind.

Um die Motivation zu fördern, hält Bruner es außerdem für wichtig, dass Lehrende und Lernende miteinander kooperieren.

Rückmeldung

> Kernaspekt des entdecken-lassenden Lehrverfahrens ist es damit (vgl. Abb. 8), dass die Lernenden Probleme selbstständig lösen und dabei von einem Lehrenden durch den Einsatz von Lernhilfen unterstützt werden. Dass der Lehrende etwas präsentiert oder vorgibt, ist dagegen definitiv nicht Bestandteil des entdecken-lassenden Lehrverfahrens.

Entdecken-lassendes Lehren

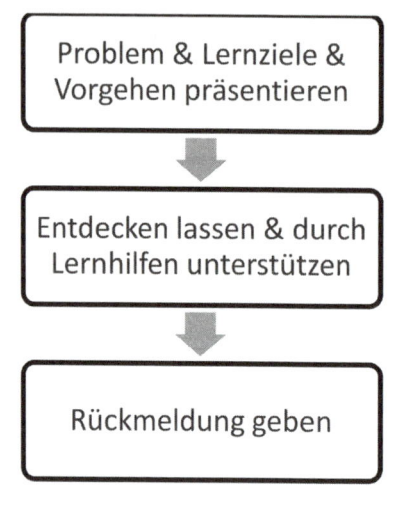

```
┌─────────────────────────────┐
│   Problem & Lernziele &     │
│   Vorgehen präsentieren     │
└─────────────────────────────┘
              ↓
┌─────────────────────────────┐
│   Entdecken lassen & durch  │
│   Lernhilfen unterstützen   │
└─────────────────────────────┘
              ↓
┌─────────────────────────────┐
│      Rückmeldung geben      │
└─────────────────────────────┘
```

Abb. 8: Vorgehen beim entdecken-lassenden Lehren.

Im bibliothekarischen Kontext hat Homann (2009) das entdecken-lassende Lehren als exploratives Konzept von Schulungen eingebracht.

Dem entdecken-lassenden Lehrverfahren sehr ähnlich ist das problembasierte Lehren.

5.5 Problembasiertes Lehren

Diese Lehrstrategie wird im Szenario 9.6 „Informationskompetenz für studentische Tutor/innen" angewendet.

Für Menschen, die sich bereits mit dem problembasierten Lernen beschäftigt haben, mag der Titel dieses Unterkapitels (Problembasiertes Lehren) irritieren, denn in der Literatur wird ausschließlich vom problembasierten oder problemorientierten Lernen und niemals vom problembasierten Lehren gesprochen. Dies ist damit zu erklären, dass bei diesem Ansatz der Fokus auf dem Lernen und den Lernenden und nicht auf dem Lehrenden liegt. Man möchte sich bewusst von einer Lehrendenzentrierung abwenden und den Lernenden mit seinen Prozessen ins Zentrum rücken.

Trotzdem wird hier bewusst davon abgewichen und der Terminus des problembasierten Lehrens geprägt, weil sich dieser Leitfaden an Lehrende wendet, die einen Anspruch darauf haben, zu erfahren, wie sie problembasiertes Lernen durch Lehren unterstützen und anregen können. Es wird also unter Berücksichtigung der Ideen zum problembasierten Lernen beschrieben, was Lehrende tun sollten, um ein solches Lernen bei ihren Lernenden anzuregen.

Des Weiteren ist anzumerken, dass es in der Literatur eine große Anzahl von Beschreibungen darüber gibt, in welchen Schritten problembasiertes Lernen erfolgen sollte (Zumbach, 2003). Hier wird versucht, eine handhabbare Synthese dieser Schritte darzustellen.

Hinzu kommt, dass das problembasierte Lernen keineswegs als eine Lerntheorie verstanden werden kann. Vielmehr orientiert man sich allgemein an einem kognitiv-konstruktivistischen Verständnis von Lernen, wie es auch in diesem Buch dargestellt wurde, und an Ideen und Erkenntnissen über das Problemlösen (Zumbach, 2003).

Ausgangspunkt des problembasierten Lernens und Lehrens ist ein Problem. Dieses sollen die Lernenden in Kleingruppen lösen, wodurch sie dazu angeregt werden sollen, aktiv neues Wissen zu konstruieren.

Um dieses Problem zu lösen, werden den Lernenden Informationsressourcen zur Verfügung und z. T. ein Tutor/eine Tutorin zur Seite gestellt. Die Informationsressourcen können Seminare, Vorlesungen, Literatur oder sonstiges sein. Dem Tutor/der Tutorin kommt die Aufgabe zu, die Treffen der Kleingruppen zu moderieren und darauf zu achten, dass die Lernenden auf dem „richtigen" Weg bleiben.

Im Idealfall ist der Tutor/die Tutorin der Lehrende; etwas weniger optimal, aber immer noch sehr gut ist es, wenn der Tutor/die Tutorin eine Person mit einem gewissen Wissensvorsprung gegenüber den Lernenden ist.

In einem ersten Schritt werden die Lernenden also mit dem **Problem konfrontiert**, um bei ihnen ein mentales Ungleichgewicht (vgl. Piaget, 1976, MOMBI, entdecken-lassendes Lehrverfahren) auszulösen. Dann werden sie in **Kleingruppen aufgeteilt**, in denen das eigentliche Arbeiten und Lernen stattfinden soll. Nach der Kleingruppenarbeit kann sich eine Phase des Reflektierens über die gefundenen Lösungen im Plenum anschließen, welche z. B. durch Präsentationen oder Postersessions gestaltet wird. Der Arbeits- und Lernprozess kann aber auch mit einem Feedback des Lehrenden an die einzelnen Kleingruppen beendet werden.

Für die Hauptphase beim problembasierten Lernen, die in der Kleingruppe möglicherweise angeleitet durch einen Tutor/eine Tutorin erfolgt, wird ein idealtypisches Vorgehen beschrieben (vgl. Abb. 9):

In einem ersten Schritt sollen die Lernenden das **Problem analysieren**, also genau herausarbeiten, was das Problem ist.

In einem zweiten Schritt sollen sie dann erste **Hypothesen bilden**, wofür sie ihr eigenes Vorwissen aktivieren müssen und somit Anknüpfungspunkte für das Neue in ihrer bestehenden kognitiven Struktur identifizieren. Sie arbeiten somit die Diskrepanz zwischen Ist- und Sollzustand heraus, d. h. sie formulieren, was sie bereits wissen und was nicht. Davon ausgehend sollen sie dann **gemeinsame Lernziele festlegen**, die gleichzeitig ein Vorgehen für das weitere gemeinsame Problemlösen umfassen.

Es folgt dann der Schritt des **Selbststudiums**. Hier soll jeder Lernende versuchen, sich die notwendigen Informationen zu beschaffen, bzw. die notwendigen Fertigkeiten zu erwerben, um das Problem zu lösen und damit dem Lernziel ein Stück näher zu kommen.

Im nächsten Schritt wird dann in der Kleingruppe eine **gemeinsame, vorläufige Lösung erarbeitet**, um dadurch zu versuchen, das Gleichgewicht wiederherzustellen.

Wie bereits gesagt, wird dieser gesamte Prozess in der Kleingruppe im Idealfall durch einen Tutor/eine Tutorin unterstützt, der die Lernenden dazu ermutigt und anleitet, genau diese Schritte zu durchlaufen.

Dabei fordern Wissenschaftler/innen, die sich mit dem problembasierten Lernen beschäftigen, dass die Probleme komplex, jedoch gleichzeitig so gestaltet sein sollten, dass sie die Lernenden weder über- noch unterfordern, da eine Unterforderung aktives Lernen nicht nötig macht, und eine Überforderung zu Frustrationen führt.

Problem vorstellen

Gruppe einteilen

Problem analysieren

Hypothesen bilden

Selbststudium

Lösung erarbeiten

Beim problembasierten Lehren kommt dem Lehrenden also die Aufgabe zu, geeignete Probleme zu formulieren, diese den Lernenden zu präsentieren und ihnen Rückmeldung zu ihren Lösungen zu geben. Außerdem übernimmt er die Rolle des Tutors/der Tutorin oder instruiert die Tutor/innen, welche die Kleingruppen betreuen. Die Tutor/innen haben die Aufgabe, die Kleingruppen auf ihrem Weg vom Problem zur Lösung zu begleiten, zu unterstützen und ggf. zu lenken. Im Idealfall animieren sie die Lernenden dazu, zunächst das Problem zu analysieren, ihr Vorwissen zu aktivieren und so die Diskrepanz zwischen Ist- und Sollzustand herauszuarbeiten und stehen beim Suchen der nötigen Informationen und dem tatsächlichen Ausarbeiten der Lösung für Fragen zur Verfügung (vgl. Abb. 9).

```
Problem vorstellen
        ↓
Gruppe einteilen
        ↓
Problem analysieren (in Gruppen)
        ↓
erste Hypothesen bilden (in Gruppen)
        ↓
Selbststudium
        ↓
Lösung erarbeiten (in Gruppen)
        ↓
Lösung präsentieren
        ↓
Feedback
```

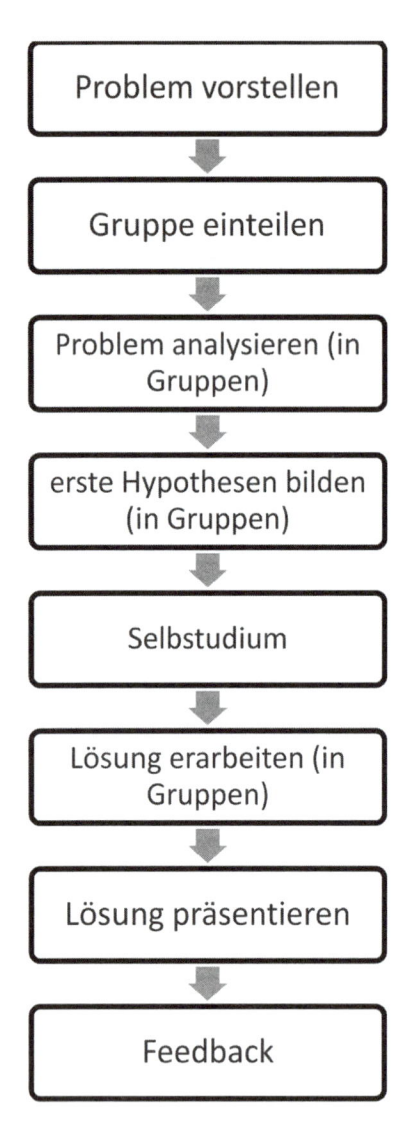

Abb. 9: Vorgehen beim problembasierten Lehren.

Im bibliothekarischen Bereich wurde die Idee des problembasierten Lehrens von Rockenbach (2007) nutzbar gemacht. Entsprechend den Ideen des problembasierten Lernens sieht es dieser Ansatz vor, dass den Lernenden in Schulungen im Bibliotheksbereich Aufgaben zur Verfügung gestellt werden, die die Lernenden dann in Kleingruppen selbständig lösen und ihre Lösungen anschließend im Plenum präsentieren. Der Lehrende fungiert in diesem Ansatz ausschließlich als Moderator/in.

Nach der Darstellung der fünf verschiedenen Lehrstrategien ist nun deutlich, dass sich eine Lehrstrategie aus mehreren Schritten zusammensetzt, die z. T. durch unterschiedliche Methoden realisiert werden können. Ideen für solche Methoden gibt die folgende Methodensammlung.

Weiterführende Literatur

Hanke, U. (2008). Realizing model-based instruction : The model of model-based instruction. *Understanding models for learning and instruction. Essays in honor of Norbert M. Seel.* New York: Springer, S. 175–186

Seel, N. M. (2003). *Psychologie des Lernens.* München: Reinhard.

Sühl-Strohmenger, W. (2008). Neugier, Zweifel, Lehren, lernen ...? Anmerkungen zur Didaktik der Teaching Library. In: *Bibliotheksdienst* 42 (8/9), S. 880–889.

Straka, G. A. (2002). *Lern-lehr-theoretische Didaktik.* Münster; München; Berlin [u. a.]: Waxmann.

Zumbach, J. (2003). *Problembasiertes Lernen.* Münster [u. a.]: Waxmann.

6 Lehrmethoden für die Realisierung von Lehrszenarien an der Teaching Library

Wie bereits angedeutet wurde, lassen sich die im vorhergehenden Kapitel vorgestellten Strategien jeweils durch eine Folge verschiedener Lehrmethoden realisieren. Im Folgenden werden Methoden dieser Art vorgestellt (vgl. auch Macke, Hanke & Viehmann, 2008). Sie sind so sortiert, dass zunächst Methoden vorgestellt werden, die vorwiegend für den Einstieg und das Aktivieren von Vorwissen geeignet sind, dann Methoden für das Darbieten von Inhalten, schließlich Methoden für das Anwenden und Üben und am Ende Methoden zur Evaluierung von Schulungen. Dabei haben wir ganz bewusst darauf verzichtet, diese Unterteilung in Unterkapitel vorzunehmen, da viele Methoden auch für verschiedene Funktionen einsetzbar sind, welche wir Ihnen immer am Anfang des Methodenmerkblatts vorstellen. So sind z. B. viele Methoden, die zum Aktivieren von Vorwissen geeignet sind, ebenso zum Anwenden/Üben geeignet und umgekehrt. Wir möchten unsere Leser/innen deshalb explizit dazu auffordern, kreativ mit den Methoden umzugehen. Anregungen für Einsatzmöglichkeiten geben wir Ihnen jeweils am Ende eines Methodenmerkblatts unter „Beispiele für Einsatzmöglichkeiten in Bibliothekskursen".

Weiterführende Literatur

Macke, G., Hanke, U., & Viehmann, P. (2012). *Hochschuldidaktik: lehren, vortragen, prüfen, beraten* [Mit Methodensammlung „Besser lehren"]. 2., erweiterte Auflage Weinheim, Basel: Beltz.

Murmelgruppe

Bei einer **Murmelgruppe** unterhalten sich zwei Teilnehmende kurz (2–5 min) über ein vorgegebenes Thema oder bearbeiten eine gestellte Aufgabe oder beantworten eine gestellte Frage.

Es eignet sich
… um in ein neues Thema einzusteigen
… um die Teilnehmenden dazu anzuregen, ihr Vorwissen zu aktivieren
… um die Bereitschaft bei den Teilnehmenden zu erhöhen, im Plenum etwas zu sagen
… um den Teilnehmenden Zeit zu geben, Neues aktiv zu verarbeiten und mögliche Verständnisschwierigkeiten aufzudecken und zu klären

Vorgehen
1. Lehrender visualisiert eine Situation, einen Begriff, eine Frage oder schildert ein Problem, einen Fall oder eine Gegebenheit oder stellt schriftlich eine Aufgabe.
2. Lernende tauschen sich mit ihrem Nachbarn/ihrer Nachbarin über ihre Assoziationen zur Situation, zum Begriff, zur Frage, dem Problem, dem Fall oder der Gegebenheit etc. aus (und machen sich Notizen).

Beispiele für Einsatzmöglichkeiten in Bibliothekskursen
- Nach der Demonstration einer Suche in einer Datenbank: Teilnehmenden einen Suchauftrag geben und sie bitten in Partnerarbeit diesen Suchauftrag zu bearbeiten. Dabei für Fragen zur Verfügung stehen und anschließend explizit nach Vorgehen beim Bearbeiten fragen und um aufgetretene Fragen bitten.
  → Teilnehmende werden angeregt, aktiv neues Wissen aufzubauen und zu erproben und dabei mögliche Schwierigkeiten zu erkennen und zu beheben.
- Als Ende einer Datenbankschulung: Teilnehmende bitten, zu zweit zu notieren, was sie sich aus der Schulung merken wollen und mögliche Fragen, die dabei noch auftreten, zu notieren. Diese Fragen im Anschluss im Plenum thematisieren.
  → Neues Wissen der Teilnehmenden wird wiederholt, ggf. verbessert und gefestigt und die Teilnehmenden haben das, was sie sich merken wollen, schriftlich für sich festgehalten.

Diese Methode wird in folgenden Szenarien eingesetzt (siehe Kapitel 9 dieses Buches):
Szenario 9.1 „Kurzeinführung in die Nutzung von Datenbanken"
Szenario 9.9 „Informationskompetenz für Bachelorstudierende".

Brainstorming

Beim **Brainstorming** werden zu einer Frage, einer These, einem Begriff mündlich assoziativ Ideen gesammelt.

Es eignet sich
... um in ein neues Thema einzusteigen
... um die Teilnehmenden dazu anzuregen, ihr Vorwissen zu aktivieren
... um den Teilnehmenden Anknüpfungspunkte für Neues aufzuzeigen

Vorgehen
1. Der Lehrende schreibt Begriff oder Frage an die Tafel, Pinnwand, Folie oder auf ein Flipchart-Papier.
2. Die Lernenden nennen alles, was sie mit dem Begriff assoziieren, bzw. was ihnen zu der Frage einfällt.
3. Lehrender schreibt alles (!) unsortiert (!) unter den Begriff oder die Frage.

Varianten
- Lernende führen ein Brainstorming in Einzel-, Partner- oder Gruppenarbeit durch.
- Assoziogramm: Begriff oder Frage wird in die Mitte der Tafel, der Folie oder Flipchart geschrieben und eingekreist. Alle Assoziationen und Aspekte werden um diese Mitte herum angeordnet, ebenfalls eingekreist und mit einer Linie mit dem zentralen Begriff oder der Frage verbunden. Dadurch entsteht ein übersichtlicheres „Bild" als beim traditionellen Brainstorming.

Beispiele für Einsatzmöglichkeiten in Bibliothekskursen
- Als Einstieg in eine Bibliotheksführung: Welche Medien findet man in dieser Bibliothek?
  → Vorwissen der Teilnehmenden wird aktiviert und ergänzt.
- Als Einstieg in eine Datenbankschulung: Welche Möglichkeiten des Suchens gibt es bei Google?
  → Vorwissen der Teilnehmenden wird aktiviert. Sie können im Folgenden die Funktionalität der Datenbank mit der Funktionalität einer ihnen sicher bekannten Suchmaschine wie Google vergleichen und dadurch aktiv Wissen aufbauen.

Brainwriting

Beim **Brainwriting** werden zu einer Frage, einer These, einem Begriff schriftlich assoziativ Ideen gesammelt.

Es eignet sich
... um in ein neues Thema einzusteigen
... um die Teilnehmenden dazu anzuregen, ihr Vorwissen zu aktivieren
... um den Teilnehmenden Anknüpfungspunkte für Neues aufzuzeigen
... um den Teilnehmenden die Möglichkeit zu geben, das Gelernte schriftlich festzuhalten

Vorgehen
1. Lehrender nennt den Lernenden einen Begriff oder eine Frage oder schreibt diese auf.
2. Teilnehmende schreiben dann alles auf, was sie mit dem Begriff assoziieren, bzw. was ihnen zu der Frage einfällt.

Varianten
- Lernende schreiben jeweils nur eine Assoziation oder einen Aspekt auf und geben den Zettel dann weiter – der nächste Lernende assoziiert nun seinerseits usw.
- Methode 365: Lernende fertigen jeweils eine Tabelle mit drei Spalten und sechs Zeilen an. In Gruppen à sechs Personen schreiben sie dann ihre Assoziationen oder Antworten in die erste Zeile und geben ihre Tabelle dann weiter. Der nächste Teilnehmende füllt nun die nächste Zeile usw. Das ganze dauert fünf Minuten (hier sind natürlich alle möglichen Spaltenzahlen, Teilnehmerzahlen pro Gruppe und Zeiten denkbar).
- Bei kleinen Gruppen: Mehrere Begriffe oder Fragen stehen auf der Tafel, der Pinnwand oder Flipchart-Papieren. Die Lernenden gehen durch den Raum und schreiben ihre Assoziationen darunter.

Beispiele für Einsatzmöglichkeiten in Bibliothekskursen
- Als Einstieg in eine Bibliotheksführung: Vorbereitetes Flipchart mit folgender Frage steht am Treffpunkt: „Welche Medien findet man in dieser Bibliothek?" Teilnehmende werden gebeten, während des Wartens auf den Beginn der Führung, ihre Ideen auf das Flipchart zu schreiben.
  → Vorwissen der Teilnehmenden wird aktiviert und ergänzt. Die Zeit des Wartens wird durch Aktivität überbrückt. Teilnehmende kommen ins Gespräch.
- Als Einstieg in eine Datenbankschulung: Vorbereitetes Flipchart mit folgender Frage steht am Treffpunkt: „Was möchten Sie heute lernen?/Was führt Sie in diese Schulung?" Teilnehmende werden gebeten, während des Wartens ihre Ideen auf das Flipchart zu schreiben.
  → Erwartungen der Teilnehmenden werden erhoben. Der Lehrende kann sein Vorgehen in der Schulung an diesen Erwartungen ausrichten, bzw. von Anfang an deutlich machen, welche Erwartungen die Schulung nicht erfüllen kann (Transparenz für die Teilnehmenden). Die Zeit des Wartens wird durch Aktivität überbrückt.
- Als Ergebnissicherung am Ende eines thematischen Blocks einer Datenbankschulung: Verschiedene Poster mit jeweils einem wesentlichen Aspekt der Datenbank und der Handhabung der Datenbank hängen im Raum. Die Teilnehmenden werden gebeten, herumzugehen und auf die Poster zu schreiben, was sie sich zu diesen Aspekten merken wollen.
  → Festigt das neue Wissen, da die Teilnehmenden es wiederholen und schriftlich notieren müssen. Außerdem können die so entstehenden Poster fotografiert und den Teilnehmenden später als Dokumentation zur Verfügung gestellt werden.

Kartenabfrage

Bei einer **Kartenabfrage** werden zu einer Frage, einer These oder einem Begriff schriftlich assoziativ Ideen auf Karten gesammelt, die für das Weiterarbeiten genutzt werden können, indem sie später sortiert oder umsortiert werden können.

Es eignet sich
… um in ein neues Thema einzusteigen
… um die Teilnehmenden dazu anzuregen, ihr Vorwissen zu aktivieren
… um den Teilnehmenden Anknüpfungspunkte für Neues aufzuzeigen
… um die Teilnehmenden zum Wiederholen anzuregen
… um den Teilnehmenden die Möglichkeit zu geben, das Gelernte schriftlich festzuhalten

Vorgehen
1. Lehrender visualisiert Begriff oder Frage (auch Arbeitsblatt möglich).
2. Lernende schreiben ihre Assoziationen zum Begriff oder ihre Antworten auf die Fragen in Stichworten auf Moderationskarten (jeweils ein Stichwort auf eine Karte).
3. Lehrender sammelt die Karten nach und nach ein und lässt sie sich erläutern und sortiert sie an der Pinnwand in der Diskussion mit den Lernenden (clustern).

Varianten
– Lernende arbeiten beim Beschriften der Moderationskarten alleine, zu zweit oder in Kleingruppen.
– Lernende kommen einzeln nach vorn, stellen ihre Karten vor und ordnen sie selbst den einzelnen Kategorien zu.
– Lehrender gibt beim Sortieren bereits Kategorien vor, indem er/sie Moderationskarten mit den Namen der Kategorien an die Pinnwand anbringt.

Beispiele für Einsatzmöglichkeiten in Bibliothekskursen
– Als Einstieg in eine Datenbankschulung: Teilnehmenden die Frage stellen, wie sie bei einer Suche in einer Datenbank vorgehen würden, und sie bitten, in Einzel-, Partner- oder Gruppenarbeit die einzelnen Schritte auf Karten zu schreiben. Später werden die einzelnen Vorgehensweisen an der (Pinn-)Wand vorgestellt und aufgehängt (andere Gruppen ergänzen) und ggf. umsortiert.
→ Vorwissen der Teilnehmenden wird aktiviert, ergänzt und systematisiert. Das so visualisierte Vorgehen kann dann bei einer wirklichen Suche in der Datenbank erprobt werden.
– Als Ende einer Datenbankschulung: Teilnehmenden die Frage stellen, wie sie bei einer Suche in der Datenbank vorgehen würden, und sie bitten, in Einzel-, Partner- oder Gruppenarbeit die einzelnen Schritte auf Karten zu schreiben. Später werden die einzelnen Vorgehensweisen an der (Pinn-)Wand vorgestellt und aufgehängt (andere Gruppen ergänzen) und ggf. umsortiert.
→ Neues Wissen der Teilnehmenden wird wiederholt, ggf. verbessert und gefestigt. Außerdem kann das so mit Karten visualisierte Vorgehen fotografiert und den Teilnehmenden später als Dokumentation zur Verfügung gestellt werden.

Vortrag

Beim **Vortrag** wird ein Thema von einem Experten systematisch vorgestellt.

Es eignet sich
... um neue Informationen systematisch darzubieten

Vorgehen
Lehrender oder sonstiger Experte hält Vortrag über ein Thema.

Varianten
- Lernende bereiten einzeln oder in Gruppen Vortrag zu einem Aspekt des Themas vor.
- Der Vortrag wird durch Stopps unterbrochen, in denen die Lernenden aufgefordert werden, eine kurze Aufgabe zu erfüllen, um sie während des passiven Zuhörens kurzzeitig zu aktivieren.

Beispiele für Einsatzmöglichkeiten in Bibliothekskursen
- Bei einer Datenbankschulung: Der Lehrende stellt dar, welche Datenbanken es für ein bestimmtes Fach gibt.
  → Teilnehmende erhalten neue Informationen
- Bei einer Führung: Der Lehrende präsentiert den Teilnehmenden vor der Führung die Bibliothek im Überblick.

Diese Methode wird in folgenden Szenarien eingesetzt (siehe Kapitel 9 dieses Buches):
Szenario 9.1 „Kurzeinführung in die Nutzung von Datenbanken"
Szenario 9.4 „Informationskompetenz für Fortgeschrittene".

Demonstration

Bei einer **Demonstration** wird von einem Experten ein Vorgehen systematisch vorgeführt.

Es eignet sich
... um ein Vorgehen systematisch darzubieten (Modeling)

Vorgehen
Lehrender oder sonstiger Experte demonstriert ein Experiment oder ein Vorgehen (Modeling).

Varianten
Lernende bereiten einzeln oder in Gruppen eine Demonstration zu einem Aspekt des Themas vor.

Beispiele für Einsatzmöglichkeiten in Bibliothekskursen
- Bei einer Datenbankschulung: Der Lehrende demonstriert, wie in einer bestimmten Datenbank gesucht werden kann.
  → Teilnehmende erhalten Informationen und erfahren, wie gesucht werden kann (Modeling).
- Bei einer Führung: Der Lehrende demonstriert, wie im Online-Katalog gesucht werden kann.
  → Teilnehmende erhalten Informationen und erfahren, wie gesucht werden kann (Modeling).

Diese Methode wird in folgenden Szenarien eingesetzt (siehe Kapitel 9 dieses Buches):
Szenario 9.2 „Führung durch eine Hochschulbibliothek".
Szenario 9.10 „Vermittlung von Fachinformationskompetenz im Rahmen einer Lehrveranstaltung".

Lernstopp

Beim **Lernstopp** wird eine Präsentation oder eine Demonstration unterbrochen, um die Teilnehmenden kurzzeitig aktiv werden zu lassen.

Es eignet sich
... um die Teilnehmenden anzuregen, aktiv Wissen zu konstruieren
... um die Teilnehmenden anzuregen, ihr neues Wissen zu festigen und zusammenzufassen
... um den Teilnehmenden die Möglichkeit zu geben, sich Notizen zu machen
... um Verständnisschwierigkeiten aufzudecken und zu beheben

Vorgehen
Ein Vortrag oder eine Demonstration wird für 2–5 min unterbrochen und den Teilnehmenden eine konkrete Aufgabe gestellt, die sie alleine oder zu zweit bearbeiten sollen (z. B. die wichtigsten eben gehörten Dinge aufzuschreiben oder zu überlegen, was sie nicht verstanden haben, oder ein Flussdiagramm zu erstellen oder Vor- und Nachteile eines Vorgehens oder eines Sachverhaltes herauszuarbeiten).
Wenn nötig, werden einige Lösungsmöglichkeiten von den Teilnehmenden eingeholt oder die Präsentation wird fortgesetzt.

Beispiele für Einsatzmöglichkeiten in Bibliothekskursen
- Während einer Demonstration in einer Schulung: Die Demonstration wird unterbrochen, damit die Teilnehmenden die demonstrierten Schritte selbst nachmachen können.
  → Teilnehmende wenden Wissen an und verarbeiten es dadurch. Dabei werden auch Verständnisschwierigkeiten klar, die anschließend geklärt werden können.
- Während einer Präsentation in einer Schulung: Die Präsentation über die Möglichkeiten verschiedener Datenbanken wird unterbrochen, damit die Teilnehmenden zu zweit kurz eine Tabelle vervollständigen können (die Tabelle wird vorgegeben: Zeilen – Datenbanken,
  Spalten – Möglichkeiten, die Teilnehmenden sollen ankreuzen, welche Möglichkeiten, welche Datenbank bietet).
  → Teilnehmende verarbeiten das Gehörte und vertiefen es dadurch. Dabei werden auch Verständnisschwierigkeiten klar, die anschließend geklärt werden können.

Diese Methode wird in folgenden Szenarien eingesetzt (siehe Kapitel 9 dieses Buches):
Szenario 9.5 „Informationskompetenz für Wissenschaftler/innen"
Szenario 9.10 „Vermittlung von Fachinformationskompetenz im Rahmen einer Lehrveranstaltung".

Textarbeit

Bei der **Textarbeit** erarbeiten die Teilnehmenden auf der Basis von Texten selbst neues Wissen.

Es eignet sich
… um Informationen systematisch darzubieten
… um die Teilnehmenden anzuregen, aktiv Wissen zu konstruieren

Vorgehen
1. Lehrender gibt den Lernenden Texte.
2. Lernende lesen Texte.

Varianten
- Lehrender gibt konkrete Anweisungen, wie gelesen werden soll: Wichtige Passagen markieren, Überschriften für die einzelnen Abschnitte finden, Exzerpte, Mind- oder Concept-Maps anfertigen.
- Lehrender gibt Fragen vor, die beim Lesen beantwortet werden sollen

Beispiele für Einsatzmöglichkeiten in Bibliothekskursen
- Bei einer Führung: Die Teilnehmenden erhalten Informationsblätter über die Bibliothek und Fragen, die sie auf der Grundlage dieser Informationen beantworten sollen.
  → Teilnehmende konstruieren aktiv neues Wissen.

Rechercheaufgabe

Bei **Rechercheaufgaben** suchen die Teilnehmenden nach Informationen, die sie benötigen, um eine Aufgabe zu lösen.

Es eignet sich
... um die Teilnehmenden anzuregen, aktiv Wissen zu konstruieren

Vorgehen
Lehrender gibt die Aufgabe, nach bestimmten Informationen zu recherchieren (im Internet, in bestimmten Büchern, durch Befragungen).

Beispiele für Einsatzmöglichkeiten in Bibliothekskursen
- Bei einer Führung: Den Teilnehmenden werden verschiedene Fragen gegeben, die sie selbstständig beantworten sollen (durch Fragen von Bibliothekspersonal, durch Informationsblätter, durch die Website der Bibliothek usw.).
  → Teilnehmende konstruieren aktiv neues Wissen.

Gruppenpuzzle

Beim **Gruppenpuzzle** erarbeiten sich Gruppen von Teilnehmenden unterschiedliche Aspekte eines Themas und stellen diese anschließend in neuen Gruppen den anderen Teilnehmenden vor.

Es eignet sich
… um die Teilnehmenden dazu anzuregen, aktiv Wissen zu konstruieren

Vorgehen
Verschiedene Arbeitsgruppen bereiten verschiedene Informationen auf (z. B. durch Textarbeit oder Rechercheaufgaben). So werden diese Arbeitsgruppen zu Expertengruppen. Dann bilden die Lernenden so neue Gruppen, dass in jeder neuen Gruppe ein Experte aus jeder ursprünglichen Gruppe vertreten ist.
Experten informieren ihre neuen Gruppenteilnehmenden. (hier muss darauf geachtet werden, dass zu Beginn die gleiche Anzahl von Gruppen gebildet werden, wie in der zweiten Gruppenarbeitsphase Mitglieder in einer Gruppe sein sollen; nur dann funktioniert das spätere neue Gruppenbilden)

Beispiele für Einsatzmöglichkeiten in Bibliothekskursen
- Bei einer Führung: Die Teilnehmenden erarbeiten in Gruppen das Angebot jeweils eines Teils der Bibliothek (Lehrbuchsammlung, Freihandbereich, Lesesaal, Online-Katalog etc.) und informieren anschießend die übrigen Teilnehmenden über ihr neues Wissen. Damit die Teilnehmenden wissen, auf was sie sich konzentrieren sollen, ist es sinnvoll, ihnen ein Arbeitsblatt mit Leitfragen zu geben, die sie in der ersten Phase des Erarbeitens beantworten sollen.
→ Teilnehmende erarbeiten aktiv neues Wissen und festigen es, indem sie es anderen Teilnehmenden darbieten müssen.
- Bei einer Datenbankschulung: Die Teilnehmenden erarbeiten in Gruppen verschiedene Datenbanken und informieren anschießend die übrigen Teilnehmenden über ihr neues Wissen. Damit die Teilnehmenden wissen, auf was sie sich konzentrieren sollen, ist es sinnvoll, ihnen ein Arbeitsblatt mit Leitfragen zu geben, die sie in der ersten Phase des Erarbeitens beantworten sollen.
→ Teilnehmende erarbeiten aktiv neues Wissen und festigen es, indem sie es anderen Teilnehmenden darbieten müssen.

Diese Methode wird in folgenden Szenarien eingesetzt (siehe Kapitel 9 dieses Buches):
Szenario 9.6 „Informationskompetenz für studentische Tutor/innen"
Szenario 9.9 „Informationskompetenz für Bachelorstudierende".

Lernstationen

Bei **Lernstationen** sind in einem oder mehreren Räumen verschiedene Stationen mit Materialien aufgebaut. Die Teilnehmenden gehen alleine, zu zweit oder in Gruppen von Station zu Station und bearbeiten das Material.

Es eignet sich
… um die Teilnehmenden anzuregen, aktiv Wissen zu konstruieren
… um die Teilnehmenden zum Üben anzuregen

Vorgehen
1. Lehrender bereitet unterschiedliche Aufgaben vor.
2. Lernende bearbeiten alleine, in Paaren oder in Gruppen nach und nach alle oder einen vorgegebenen Teil der Stationen.

Beispiele für Einsatzmöglichkeiten in Bibliothekskursen
- Als Führung oder als zweiter Teil einer Führung (d. h. nach einer Einführung): Die Teilnehmenden gehen in Paaren oder Dreiergruppen zu verschiedenen Stationen in der Bibliothek, an denen sie Aufgaben zu erfüllen haben (z. B. an einem vorgegebenen und reservierten Benutzerrechner die Signatur für ein bestimmtes Buch heraussuchen oder im Lesesaal eine bestimmte Seite aus einem vorgegebenen Buch kopieren oder an der Tür die Öffnungszeiten herausfinden oder an der Info-Theke nach einer bestimmten Information fragen (hier wären die Kolleg/innen an der Theke „vorzuwarnen")). Anschließend trifft man sich, um aufgetretene Schwierigkeiten zu besprechen.
  → Teilnehmende bauen aktiv neues Wissen auf bzw. üben.

Diese Methode wird in folgenden Szenarien eingesetzt (siehe Kapitel 9 dieses Buches):
Szenario 9.4 „Informationskompetenz für Fortgeschrittene"
Szenario 9.6 „Informationskompetenz für studentische Tutor/innen".

Experteninterview

Beim **Experteninterview** haben die Teilnehmenden die Möglichkeit, durch systematisches Fragen neues Wissen zu konstruieren.

Es eignet sich
… um die Teilnehmenden anzuregen, aktiv Wissen zu konstruieren

Vorgehen
1. Teilnehmende bereiten in Gruppen einerseits Informationen zu einem Aspekt eines Themas vor. Andererseits bereiten sie Fragen für andere Aspekte des Themas vor.
2. Dann befragen sich die Teilnehmenden gegenseitig zu dem Aspekt des Themas, den sie jeweils vorbereitet haben.

Variante
- Die Teilnehmenden befragen den Lehrenden oder einen eingeladenen Experten oder die Person an der Info-Theke.

Beispiele für Einsatzmöglichkeiten in Bibliothekskursen
- Bei einer Führung: Nachdem die Teilnehmenden eine Aufgabe selbstständig zu lösen hatten, die zu Schwierigkeiten geführt hat, werden sie gebeten, konkrete Fragen zu formulieren und dem Lehrenden zu stellen.
→ Teilnehmende lösen ihre individuellen Schwierigkeiten und konstruieren aktiv ihr neues Wissen.

Externalisieren

Beim **Externalisieren** werden die Teilnehmenden gebeten, Gelerntes oder gerade Gehörtes aufzuschreiben oder in einer gestalterischen Form darzustellen (Tabelle erstellen/ausfüllen, Flussdiagramm zeichnen/ergänzen, etwas malen oder zeichnen, MindMap oder ConceptMap erstellen).

Es eignet sich
… um den Teilnehmenden die Möglichkeit zu geben, präsentierte Inhalte zu notieren und für sich tiefer zu verarbeiten
… um Verständnisschwierigkeiten aufzudecken und zu beheben
… um die Teilnehmenden anzuregen, ihr neues Wissen zu systematisieren
… um den Teilnehmenden die Möglichkeit zu geben, sich Notizen zu machen

Vorgehen
Lehrender formuliert konkrete Anforderungen, wie die Teilnehmenden ihre Ergebnisse darstellen sollen, z. B. in Form von Tabellen, Flussdiagrammen, Texten usw.

Beispiele für Einsatzmöglichkeiten in Bibliothekskursen
- Nach der Demonstration in einer Schulung: Die Teilnehmenden werden gebeten, das vorgestellte Vorgehen in Form eines Flussdiagramms aufzuschreiben. Dabei können sie am Rechner jeweils überprüfen, ob der Schritt richtig war oder nicht und so ggf. ihr Diagramm verbessern.
→ Teilnehmende festigen und systematisieren ihr neues Wissen. Dabei werden auch Verständnisschwierigkeiten klar, die anschließend geklärt werden können.

Postersession

Bei einer **Postersession** werden auf unterschiedliche Weise erstellte Poster angeschaut und deren Inhalt verarbeitet.

Es eignet sich
… um neue Informationen systematisch darzubieten

Vorgehen
Lehrender hat Poster vorbereitet, auf denen die Teilnehmenden Informationen zum Thema finden.

Variante
Lehrender gibt den Teilnehmenden „Missionen", d. h. Fragen oder Aufgaben auf Kärtchen (jeder Lernende zieht eine), die sie beim Ansehen der Poster bearbeiten sollen. Die Lösungen der Missionen werden anschließend im Plenum besprochen.
Lernende erstellen arbeitsteilig Poster zu Teilaspekten des Themas.

Beispiele für Einsatzmöglichkeiten in Bibliothekskursen
- Bei einer Führung: In einem Raum hängen Poster mit Informationen über die Bibliothek aus. Die Teilnehmenden gehen herum und sehen sich die Poster an. Im Idealfall haben sie dabei eine Mission zu erfüllen, z. B. sollen sie eine bestimmte Frage beantworten (Beispiel: „Welche Medien kann man wo einsehen und wo ausleihen?") oder eine Aufgabe lösen (z. B. zu jedem Bereich der Bibliothek (Lesesaal, Lehrbuchsammlung, Freihandbereich usw.) notieren, welche Funktion er erfüllt).
→ Teilnehmende konstruieren aktiv neues Wissen.

Diese Methode wird in folgenden Szenarien eingesetzt (siehe Kapitel 9 dieses Buches):
Szenario 9.5 „Informationskompetenz für Wissenschaftler/innen"
Szenario 9.9 „Informationskompetenz für Bachelorstudierende".

Mind Mapping

Beim **Mind Mapping** werden ausgehend von einem zentralen Begriff zugehörige Aspekte assoziiert, sortiert und hierarchisiert.

Es eignet sich
... um in ein neues Thema einzusteigen
... um die Teilnehmenden dazu anzuregen, ihr Vorwissen zu aktivieren
... um mögliche Verständnisschwierigkeiten aufzudecken und zu beheben
... um die Teilnehmenden dazu anzuregen, ihr neues Wissen zu systematisieren und zu externalisieren

Vorgehen
1. Lehrender schreibt ein Stichwort zu einem Problem, einer Aufgabe, einer Situation usw. in die Mitte der Tafel, einer Pinnwand, einer Folie oder eines Flipchart-Papiers und kreist es ein.
2. Teilnehmende sammeln nun zunächst Begriffe, die sie mit diesem Stichwort assoziieren und ordnen diese dann in Ober- und Unterbegriffe.
3. Nun werden die Oberbegriffe auf Ästen um das Stichwort in der Mitte angeordnet.
4. Von den Oberbegriffen ausgehend werden dann weitere Äste gezeichnet und darauf die Unterbegriffe geschrieben.
5. Auf diese Weise können weitere Ebenen angefügt werden, wobei mehr als drei Hierarchieebenen sehr unübersichtlich werden.

Beispiele für Einsatzmöglichkeiten in Bibliothekskursen
- Als Einstieg in eine Führung: Die Teilnehmenden bitten, alle Aspekte, die sie mit der Bibliothek verbinden, in Gruppen auf Karten zu schreiben. Diese Karten später gemeinsam um den Begriff „Bibliothek X" sortieren.
  → Vorwissen der Teilnehmenden wird aktiviert, ergänzt und systematisiert.
- Als Ende einer Führung: Die Teilnehmenden bitten, alle Aspekte, die sie mit der Bibliothek verbinden, in Gruppen auf Karten zu schreiben. Diese Karten später gemeinsam um den Begriff „Bibliothek X" sortieren.
  → Neues Wissen wird wiederholt und systematisiert und externalisiert. Dabei können auch letzte Verständnisschwierigkeiten geklärt werden.

Concept Mapping

Beim **Concept Mapping** werden Zusammenhänge zwischen verschiedenen Aspekten explizit hergestellt und benannt.

Es eignet sich
… um den Teilnehmenden die Möglichkeit zu geben, ihr Wissen zu festigen und zu systematisieren
… um Verständnisschwierigkeiten aufzudecken und zu beheben

Vorgehen
- Teilnehmende sammeln Begriffe zu einem Thema und bezeichnen die Zusammenhänge dieser Begriffe, indem sie die Begriffe und die Zusammenhänge aufschreiben.

Beispiele für Einsatzmöglichkeiten in Bibliothekskursen
- Am Ende einer Führung: Die Teilnehmenden erstellen in Paaren oder in Gruppen ein Concept Map, welches die unterschiedlichen Bereiche der Bibliothek mit ihren jeweiligen Funktionen in Zusammenhang bringt und die Zusammenhänge konkret benennt.
  → Teilnehmende festigen und systematisieren ihr neues Wissen. Dabei werden auch Verständnisschwierigkeiten klar, die anschließend geklärt werden können.

Lernstafette

Bei einer **Lernstafette** erarbeiten einzelne Teilnehmende etwas, das sie dann an andere Teilnehmende weitergeben, die damit weiterarbeiten.

Es eignet sich
... um die Teilnehmenden zum Üben anzuregen

Vorgehen
1. Lehrender stellt Aufgaben, die in Teilaufgaben zerlegbar sind.
2. In einem ersten Schritt wird die erste Teilaufgabe von einem Teilnehmenden, einem Paar oder einer Gruppe schriftlich bearbeitet. Die Ergebnisse werden dann an den nächsten Lernenden, das nächste Paar oder die nächste Gruppe weitergegeben.
3. Diese bearbeiten die zweite Teilaufgabe.
4. Usw.

Beispiele für Einsatzmöglichkeiten in Bibliothekskursen
Bei einer Schulung: Jeweils zwei oder drei Teilnehmende notieren die Schritte bei der Suche in einer Datenbank/bei der Literaturrecherche einzeln auf Karten. Diese Karten geben sie anschließend an ein anderes Paar/eine andere Gruppe weiter, die diese Karten in die richtige Reihenfolge bringen sollen, und erhalten von einem anderen Paar/einer anderen Gruppe deren Karten, die sie in die richtige Reihenfolge bringen.
→ Teilnehmende festigen und systematisieren ihr neues Wissen. Dabei werden auch Verständnislücken klar, die anschließend geklärt werden können.

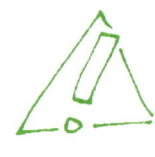

Aufgabe

Bei einer **Aufgabe** lösen die Teilnehmenden eine an sie gestellte Aufgabe.

Es eignet sich
… um die Teilnehmenden anzuregen, ihr Vorwissen zu aktivieren
… um die Teilnehmenden anzuregen, aktiv Wissen zu konstruieren
… um die Teilnehmenden zum Üben anzuregen
… um den Teilnehmenden die Möglichkeit zu geben, ihr Wissen zu festigen

Vorgehen
1. Lehrender stellt eine Aufgabe (z. B. Textarbeit oder Rechercheaufgabe).
2. Teilnehmende bearbeiten diese Aufgabe alleine, in Paaren oder Gruppen und stellen ihre Ergebnisse dann vor (am besten durch eine Form der Visualisierung).

Varianten
- Lehrender stellt jedem Lernenden, jedem Paar oder jeder Gruppe eine andere Aufgabe.
- Anstatt die Ergebnisse zu präsentieren, kann diese Methode auch mit einer Postersession abgeschlossen werden.

Beispiele für Einsatzmöglichkeiten in Bibliothekskursen
- Bei einer Schulung: Die Teilnehmenden erhalten Aufgaben, die sie bearbeiten sollen.
  → Teilnehmende üben. Dabei werden auch Verständnisschwierigkeiten klar, die anschließend geklärt werden können.
- Zu Beginn einer Schulung: Die Teilnehmenden erhalten eine Aufgabe, die sie noch nicht zu ihrer eigenen Zufriedenheit lösen können.
  → Teilnehmende werden motiviert mitzuarbeiten, weil sie die Aufgabe lösen können wollen.

Diese Methode wird in folgenden Szenarien eingesetzt (siehe Kapitel 9 dieses Buches):
  Szenario 9.2 „Führung durch eine Hochschulbibliothek"
  Szenario 9.8 „Seminarkurs"
  Szenario 9.10 „Fachinformationskompetenz im Rahmen einer Lehrveranstaltung".

Glückstopf

Beim **Glückstopf** zieht jeder Teilnehmende eine Karte mit einem Begriff, einer Frage, einer Aufgabe oder ähnlichem und muss den Begriff erklären, die Frage beantworten, die Aufgabe lösen usw.

Es eignet sich
... um die Teilnehmenden anzuregen, ihr Vorwissen zu aktivieren
... um Verständnisschwierigkeiten aufzudecken und zu beheben
... um die Teilnehmenden zum Wiederholen anzuregen

Vorgehen
1. Der Lehrende bereitet Karten mit wesentlichen Begriffen zu einem Thema vor.
2. Jeder Lernende zieht eine Karte.
3. Dann erklärt jeder Lernende den Begriff seiner Karte.

Varianten
- Die Lernenden erklären den Begriff der Karte nicht nur, sondern ordnen die Karten zusätzlich an einer Pinnwand Kategorien oder den schon hängenden Karten zu (erklären die Beziehung der Karten untereinander).
- Die Karten werden auf einem Tisch verteilt. Die Lernenden nehmen die Karten und versuchen sie zu ordnen. Bei zwei Gruppen und doppeltem Kartensatz kann danach ein Vergleich der Ergebnisse erfolgen.

Beispiele für Einsatzmöglichkeiten in Bibliothekskursen
Bei einer Schulung: Jeder Teilnehmende zieht eine Karte mit einem Schritt des Vorgehens bei der Suche in einer Datenbank, muss erklären, wozu dieser Schritt dient, und ihn dann an die richtige Stelle im Gesamtablauf integrieren. So wird nach und nach der Gesamtablauf rekonstruiert.
→ Teilnehmende festigen und systematisieren ihr neues Wissen. Dabei werden auch Verständnislücken klar, die anschließend geklärt werden können.

Archäologenkongress/Aktives Strukturieren

Beim **Archäologenkongress/Aktiven Strukturieren** muss die Reihenfolge von etwas rekonstruiert werden.

Es eignet sich
… um die Teilnehmenden anzuregen, ihr Vorwissen zu aktivieren und zu systematisieren
… um den Teilnehmenden die Möglichkeit zu geben, neues Wissen zu wiederholen

Vorgehen
1. Der Lehrende zerschneidet einen Text oder die Abbildung eines Prozesses in mehrere Teile oder gibt Karten mit Schritten eines Vorgehens aus.
2. Die Lernenden müssen nun die richtige Reihenfolge der Textpassagen oder der Prozessphasen wiederherstellen.

Beispiele für Einsatzmöglichkeiten in Bibliothekskursen
- Bei einer Schulung: Die Teilnehmenden rekonstruieren die Schritte bei einer Literaturrecherche/des Vorgehens bei der Suche in einer Datenbank, die auf Karten notiert sind.
  → Teilnehmende festigen und systematisieren das Vorgehen bei einer Literaturrecherche. Dabei werden auch Verständnisschwierigkeiten klar, die anschließend geklärt werden können.

Rollenspiel

Beim **Rollenspiel** übernehmen Teilnehmende kurzzeitig andere Rollen.

Es eignet sich
... um die Teilnehmenden zum Üben anzuregen
... um die Teilnehmenden anzuregen, andere Perspektiven einzunehmen
... um Verständnisschwierigkeiten aufzudecken und zu beheben

Vorgehen
1. Lehrender bereitet Arbeitsblätter mit Beschreibungen unterschiedlicher Rollen vor und beschreibt eine Situation, in der die Träger dieser Rollen zusammen arbeiten müssen.
2. Lernende bereiten sich inhaltlich auf diese Rollen vor.
3. Lernende übernehmen die Rollen und handeln in der beschriebenen Situation.

Variante
Podiumsdiskussion: Die Lernenden bereiten in den Rollen eine Diskussion vor.

Beispiele für Einsatzmöglichkeiten in Bibliothekskursen
Bei einer Schulung: Die Teilnehmenden arbeiten in Partnerarbeit. Einer übernimmt kurzzeitig die Rolle des Bibliothekars. Der andere die Rolle eines Bibliotheksnutzers, der viele Fragen hat, die er dann dem Bibliothekar stellt.
→ Teilnehmende festigen ihr neues Wissen, indem sie es anderen Teilnehmenden darbieten müssen. Dabei werden auch Verständnislücken klar, die anschließend geklärt werden können.

Debatte mit Reißverschluss

Bei einer **Debatte mit Reißverschluss** werden Pro- und Kontraargumente oder Vor- und Nachteile eines Sachverhalts im Wechsel, aber aufeinander bezogen ausgetauscht.

Es eignet sich
... um den Teilnehmenden die Möglichkeit zu geben, ihr Wissen zu festigen und zu systematisieren

Vorgehen
1. Lehrender formuliert eine These.
2. Teilnehmende bereiten Pro- und Kontra-Argumente zur These vor.
3. Dann nennen die Teilnehmenden der Reihe nach abwechselnd Pro- und Kontra-Argumente, wobei sie versuchen sollten, auf das vorhergehende Argument einzugehen.

Beispiele für Einsatzmöglichkeiten in Bibliothekskursen
– Bei einer Datenbankschulung: Die Teilnehmende erarbeiten die Vor- und Nachteile einer Datenbank. Anschließend beginnt ein Teilnehmender einen Vorteil zu nennen, der nächste muss einen Nachteil nennen, dann folgt ein Vorteil usw.
  → Teilnehmende festigen und systematisieren ihr neues Wissen.

Entscheidungsspiel

Beim **Entscheidungsspiel** werden nacheinander Behauptungen aufgestellt, denen die Teilnehmenden zustimmen oder die sie ablehnen müssen. Nachdem sie ihre Entscheidung getroffen haben, müssen sie diese argumentativ vertreten.

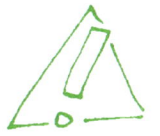

Es eignet sich
... um die Teilnehmenden anzuregen, ihr Vorwissen zu aktivieren
... um die Teilnehmenden anzuregen, ihr neues Wissen zu systematisieren
... um Verständnisschwierigkeiten aufzudecken und zu beheben
... um den Teilnehmenden die Möglichkeit zu geben, neues Wissen zu wiederholen

Vorgehen
1. Der Lehrende hängt ein Poster mit einem großen „+" in eine Ecke des Raums, ein Poster mit einem großen „–" in eine andere.
2. Er bittet alle Teilnehmenden in die Mitte des Raumes und liest die erste vorab von ihm formulierte Behauptung vor.
3. Die Teilnehmenden überlegen, ob sie der vorgelesenen Behauptung zustimmen oder nicht: stimmen sie zu, gehen sie in die Ecke mit dem „+", ansonsten in die Ecke mit dem „–".
4. Dort tauschen sie sich kurz mit den ebenfalls dort stehenden Teilnehmenden über ihre Entscheidung aus.
5. Dann werden eventuell auftretende Fragen geklärt, bevor alle wieder in die Mitte des Raumes gehen und die nächste Behauptung vorgelesen wird.

Varianten
– Die Teilnehmenden werden gebeten, in Gruppen Behauptungen zum behandelten Thema auf Moderationskarten zu schreiben, wovon eine vorgegebene Anzahl falsch sein soll. Dann tauschen sie ihre Karten mit einer anderen Gruppe und müssen die falschen Behauptungen aussortieren.

Beispiele für Einsatzmöglichkeiten in Bibliothekskursen
– Zum Einstieg in eine Führung: Es werden Behauptungen aufgestellt, was man in der Bibliothek alles darf und kann und was nicht, und was die Bibliothek bietet.
 → Teilnehmende aktivieren ihr Vorwissen und das Eis zwischen den Teilnehmenden wird gebrochen, sowie erstes neues Wissen nebenbei präsentiert.
– Bei einer Schulung: Es werden Behauptungen zur Funktionalität von verschiedenen Datenbanken/einer Datenbank vorgelesen und die Teilnehmenden müssen überlegen, ob die jeweilige Datenbank diese Funktionalität wirklich aufweist.
 → Teilnehmende festigen und systematisieren ihr Wissen über die Funktionalitäten verschiedener oder auch einer Datenbank. Dabei werden auch Verständnisschwierigkeiten klar, die anschließend geklärt werden können.
– Bei einer Schulung: Die Teilnehmenden werden gebeten, fünf Funktionen auf fünf Moderationskarten zu schreiben, die eine bestimmte Datenbank erfüllt, sowie eine, die die Datenbank nicht bietet. Dann tauschen die Gruppen die Karten aus und müssen jeweils die nicht gebotene Funktion aussortieren.
 → Teilnehmende festigen und systematisieren ihr Wissen über die Funktionalitäten verschiedener oder auch einer Datenbank. Dabei werden auch Verständnisschwierigkeiten klar, die anschließend geklärt werden können.

Lernslogan

Beim **Lernslogan** werden die wesentlichen Dinge eines Gegenstands/Sachverhalts/Vorgehens in einen kurzen prägnanten Spruch/Slogan (Eselsbrücke) zusammengefasst.

Es eignet sich
... um die Teilnehmenden anzuregen, ihr neues Wissen zu festigen und zusammenzufassen
... um den Teilnehmenden eine Eselsbrücke mit auf den Weg zu geben

Vorgehen
1. Die Teilnehmenden erarbeiten in Gruppen einen Spruch/Slogan (Eselsbrücke) zu einem zuvor behandelten Gegenstand/Sachverhalt/Vorgehen.
2. Die Slogans werden verlesen und verschriftlicht, um sie den Teilnehmenden anschließend zur Verfügung stellen zu können.

Beispiele für Einsatzmöglichkeiten in Bibliothekskursen
- Bei einer Schulung: Die Teilnehmenden erarbeiten einen Slogan darüber, wann welche Datenbank zu nutzen ist.
  → Teilnehmende festigen und systematisieren ihr Wissen über die Datenbank. Dabei werden auch Verständnisschwierigkeiten klar, die anschließend geklärt werden können. Außerdem entstehen auf diese Weise Eselsbrücken, an die sie sich auch später noch leicht erinnern können.
- Zum Abschluss einer Führung: Die Teilnehmenden erarbeiten einen Slogan darüber, was die vorgestellte Bibliothek alles bietet als Werbeslogan.
  → Teilnehmende festigen und systematisieren ihr Wissen über die Möglichkeiten, die die Bibliothek bietet. Auf diese Weise entstehen Eselsbrücken, an die sie sich auch später noch leicht erinnern können.

Blitzlicht

Beim **Blitzlicht** formuliert jeder Teilnehmende kurz und knapp (am besten in einem Satz) einen Eindruck oder eine Frage.

Es eignet sich
… um in ein neues Thema einzusteigen
… um die Teilnehmenden dazu anzuregen, ihr Vorwissen zu aktivieren
… um ein Stimmungsbild zu erheben
… um eine Veranstaltung knapp zu evaluieren
… um mögliche Verständnisschwierigkeiten aufzudecken

Vorgehen
1. Lehrender stellt eine Frage oder nennt einen Begriff.
2. Jede/r Teilnehmende beantwortet die Frage mit höchstens einem Satz oder assoziiert höchstens einen Satz mit dem Begriff. Diese Beiträge bleiben unkommentiert.

Beispiele für Einsatzmöglichkeiten in Bibliothekskursen
- Am Ende einer beliebigen Schulung: Die Frage stellen, mit welchem Eindruck die Teilnehmenden nach Hause gehen, und jeden Teilnehmenden bitten, in einem Satz seinen Eindruck zu formulieren.
  → Sammeln von Ansatzpunkten für Optimierungen bei einer möglichen Wiederholung des Kurses oder für den zweiten Teil des Kurses.
- Während einer Schulung: Die Frage stellen, was bisher das Wichtigste war, was die Teilnehmenden kennen gelernt haben, und jeden Teilnehmenden bitten, dies in einem Satz zu sagen.
  → Wissen wird wiederholt, ergänzt und gefestigt.

Muddiest Point

Beim **Muddiest Point** geht es darum, kurz zu erheben, was nicht verstanden wurde/oder nicht gut war.

Es eignet sich
... um eine Veranstaltung kurz zu evaluieren
... um Verständnisschwierigkeiten aufzudecken

Vorgehen
- Die Teilnehmenden werden gebeten, das aufzuschreiben und abzugeben, was für sie der Muddiest Point war, d. h. was sie nicht verstanden haben oder was ihnen nicht gefallen hat.

Variante
- Die Teilnehmenden sollen im Laufe der Schulung aufgetretene Fragen als Muddiest Point auf Zettel schreiben. Diese werden gesammelt und dann jeweils einer an einen neuen Teilnehmenden ausgeteilt. Jeder Teilnehmende muss dann versuchen, die Frage des Zettels im Plenum zu beantworten.

Beispiele für Einsatzmöglichkeiten in Bibliothekskursen
- Zur Evaluation einer Führung oder Schulung: Die Teilnehmenden werden gebeten, das aufzuschreiben und abzugeben, was für sie der Muddiest Point war, d. h. was ihnen an der Führung oder Schulung nicht gefallen hat.
  → Zur Evaluation der Schulung.
- Nach einer Präsentation in einer Schulung: Die Teilnehmenden werden gebeten, das aufzuschreiben und abzugeben, was sie in der Präsentation nicht verstanden haben. Dann werden die Zettel neu verteilt und jeder Teilnehmende muss versuchen, die Frage seines Zettels zu beantworten.
  → Teilnehmende wiederholen ihr neues Wissen und decken dabei Verständnisschwierigkeiten auf, die anschließend geklärt werden können. So wird Wissen aktiv konstruiert.

Kofferpacken

Beim **Kofferpacken** werden am Ende einer Schulung metaphorisch zwei Koffer gepackt: einer für die Teilnehmenden und einer für die Lehrenden.

Es eignet sich
... um eine Veranstaltung zu evaluieren

Vorgehen
1. Der Lehrende malt zwei Koffer auf Flipchartpapier. In einen schreibt er: „... was ich mitnehme", in den anderen „... was ich dem Dozenten/der Dozentin mitgebe".
2. Die Teilnehmenden schreiben alles in die Koffer, was ihnen einfällt.

Variante
- Statt der gemalten Koffer auf Flipchartpapier können auch echte Koffer oder Körbchen genutzt werden, in die die Teilnehmenden beschriftete Karten legen.

Beispiele für Einsatzmöglichkeiten in Bibliothekskursen
a. Zur Evaluation einer Führung oder Schulung

Diese Methode wird in folgendem Szenario eingesetzt (siehe Kapitel 9 dieses Buches):
   Szenario 9.9 „Informationskompetenz für Bachelorstudierende".

Target

Beim Target werden verschiedene Aspekte einer Schulung auf einer Zielscheibe bewertet, indem jeder Teilnehmende auf den verschiedenen Teilen der Zielschreibe (Aspekte der Veranstaltung) ein Kreuz macht, wie gut dieser Aspekt „ins Schwarze getroffen hat".

Es eignet sich
… um eine Veranstaltung zu evaluieren

Vorgehen
1. Der Lehrende bereitet eine Zielscheibe vor und benennt unterschiedliche Bereiche der Zielscheibe mit unterschiedlichen Aspekten der Veranstaltung (z. B. Dozent/in, Inhalt, Methode, Relevanz etc.).
2. Die Teilnehmenden bewerten jeden Aspekt, indem sie ein Kreuz in jeden Bereich der Zielschreibe machen. Dabei gilt: je besser gelungen sie den jeweiligen Aspekt fanden, desto weiter setzen sie ihr Kreuz in die Mitte („ins Schwarze").
3. Anschließend wird über das Ergebnis gesprochen, indem der Lehrende sich die Kreuzwolken erklären lässt.

Beispiele für Einsatzmöglichkeiten in Bibliothekskursen
– Zur Evaluation einer Führung oder Schulung.

7 Möglichkeiten von Blended Learning in der Teaching Library

Da die Teaching Library aus dem deutschen Bibliothekswesen nicht mehr wegzudenken ist (Krauß-Leichert, 2007), wurden in den vorangegangenen Kapiteln die lerntheoretischen Grundlagen für die Realisierung von Lehrszenarien und nützliche Lehrstrategien und -methoden vorgestellt. Gibt es aber nun eine Möglichkeit, diese (neu gewonnenen oder bereits bewährten) Erkenntnisse innerhalb eines zeitlich und personell begrenzten Bibliotheksalltages auch umzusetzen? Wie können die Ressourcen möglichst sinnvoll, nachhaltig und idealerweise (mit vertretbarem Aufwand) übertragbar auf andere Veranstaltungen verteilt werden? Eine Möglichkeit bietet hier der Einsatz von Blended Learning.

Im Wörterbuch[3] wird der Begriff „blended" (u. a.) mit „gemischt" und „vermengt" übersetzt und ein „blender" ist ein Mixer, was sich auch in den verschiedenen Definitionen des Begriffes „Blended Learning" wiederfindet. So bezeichnet der Brockhaus Blended Learning als „ein Lernmodell, in dem Online- und Präsenzphasen variationsreich verzahnt werden. In Präsenzphasen erfolgt in direkter Kommunikation eine Ergänzung und/oder Vertiefung der Lerninhalte, -strategien und -prozesse der Onlinephase" (Brockhaus, 2005–06). Auch die Definition von Graham beinhaltet eine Kombination von Lehrmethoden: „Blended learning systems combine face-to-face instruction with computer-mediated instruction" (Graham, 2006, S. 5). Arnold will durch eine Mischung der verschiedenen Elemente beim Blended Learning die Vorteile nutzen und die Nachteile umgehen (Arnold et al., 2011, S. 117).

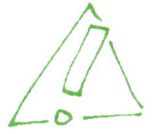

Die Kommission Zukunft der Informationsinfrastruktur befürwortet in ihrem „Gesamtkonzept für die Informationsinfrastruktur in Deutschland" Blended Learning, ohne allerdings den Begriff selbst zu nennen: „E-Learning-Angebote können bei der Vermittlung von Informationskompetenz sinnvoll als Ergänzung der Präsenzveranstaltungen und als Hilfestellung genutzt werden" (Kommission Zukunft der Informationsinfrastruktur, 2011, B133).

Und wie sehen es Studierende? Möchten sie „blended" lernen? In der Universitätsbibliothek München wurde eine Befragung u. a. unter den Studierenden durchgeführt und dabei zeigte sich, dass die beliebtesten Schulungsarten das Online-Training und das interaktive Arbeiten sind (Schüller-Zwierlein, 2006). Um die Informationskompetenz zu verbessern, empfiehlt Schüller-Zwierlein, mehr Blended Learning Kurse anzubieten und Tutorials zu erstellen.

Vor- und Nachteile von Blended Learning

Blended Learning bietet die Möglichkeit,
- zeit- und ortsunabhängig durch E-Learning-Elemente zu lernen und zu lehren;
- individuell und selbstgesteuert zu lernen (was Lernstand und Lerngeschwindigkeit betrifft);
- direktes Feedback (z. B. durch Chat) oder indirektes Feedback (z. B. über Foren) entweder persönlich oder in der Lerngruppe einzuholen;
- den Lernstand zu speichern (z. B. während der Bearbeitung eines Tests oder E-Learning-Moduls);
- Lehrinhalte während der laufenden Veranstaltung zu ergänzen;
- automatisierte Abfragen zu erstellen, z. B. die Ergebnisse eines Online-Tests oder E-Assessment/Evaluation abzurufen.

Blended Learning

---

3 Vgl. Wörterbucheintrag, z. B. bei LEO. http://dict.leo.org/ (29. 12. 2011).

Da, wie bereits dargelegt wurde, Lernen immer ein individueller Prozess ist, sollte jeder Lernende beim Lernen möglichst oft individuell gefördert und unterstützt werden. Dies erfordert vom Lehrenden einerseits die Bereitschaft, selbstgesteuertes Lernen zuzulassen, es auch mit technischen Hilfsmitteln zu fördern und neue didaktische Sichtweisen einzunehmen. Vom Lernenden erfordert es andererseits, dass sie, „trotz jahrzehntelanger Erfahrung in der Konsumption dozentengesteuerter Lernprozesse diese Verantwortung tatsächlich [...] übernehmen, und auch in der Lage sind, diese neue Chance selbstgesteuerten Lernens orientiert an den individuellen Problemstellungen zu nutzen" (Sauter, Sauter, & Bender, 2004, S. 41).

Deshalb liegen die Nachteile von Blended Learning also in den Bedingungen für Lernende und Lehrende, die vorausgesetzt werden: Der Lernende muss motiviert sein, kann sich selbstgesteuert neue Inhalte aneignen, ist (zumindest in einem gewissen Grad) technikaffin und der eigene PC ist mit neuerer Software (z. B. aktueller Browser, Flashplayer) ausgestattet. Der Lehrende nimmt den erhöhten Ersterstellungsaufwand (im Vergleich zu konventionellen Materialien, z. B. Übungsblättern) der E-Learning-Elemente in Kauf, ist ebenfalls technikaffin und hat z. B. für neue Software einen Etatposten zur Verfügung.

Die Ergänzung z. B. eines bisher in Präsenz stattfindenden Workshops mit E-Learning-Inhalten auf der universitätseigenen Lernplattform[4], kann mit dem Hochladen bereits verwendeter PDF-Dokumente und Powerpoint-Folien beginnen, mit dem Erstellen eines kurzen Evaluationsbogens (mit lernplattformintegrierter oder externer[5] Software) fortgeführt und mit der Produktion eines E-Learning-Tutorials (wiederum mit lernplattformintegrierter[6] oder externer[7] Software) fertiggestellt werden.

Blended-Learning-Konzepte knüpfen „an Bestehendes an, werfen gewachsene Strukturen, Einstellungen und Routinen zum Lernen nicht schlagartig über Bord, sondern binden sie in neue Vorgehensweisen ein, um sie allmählich zu verändern." (Reinmann-Rothmeier, 2003, S. 43).

Voraussetzungen für gelingendes Blended Learning
Vor dem (erfolgreichen) Einsatz von Blended-Learning-Szenarien sollten vorab einige Fragen geklärt werden:
– Welche Zielgruppe soll mit dem Angebot erreicht werden[8] und welche Lernziele werden verfolgt?
– Gibt es für die aufwändige Ersterstellung ausreichende Personalressourcen?
– Sind ausreichende Kenntnisse, was z. B. Didaktik und technische Umsetzung betrifft vorhanden oder können sie aus anderen Abteilungen unterstützend hinzugezogen werden, oder finden sich Mitarbeiter/innen, die bereit sind, sich in neue Tätigkeitsbereiche einzuarbeiten?

---

4 Auf einer Lernplattform können, je nach Verwendungszweck, Lehrende und Lernende Inhalte hochladen und bereitstellen.
5 Beispielsweise SurveyMonkey (s. http://de.surveymonkey.com/).
6 Beispielsweise IMC: Clix Learning Suite: Authoring, (s. http://www.im-c.de/germany/de/solutions/learning-management/clix-learning-suite/basiskomponenten/authoring/).
7 Beispielsweise mit Software zur Bildschirmaufzeichnung Camtasia (s. http://www.techsmith.de/camtasia.asp), Captivate (s. http://www.adobe.com/de/products/captivate.html) oder Lecturnity (s. http://www.lecturnity.de/de/lecturnity/uebersicht/).
8 Insbesondere spielt auch die Gruppengröße eine Rolle, da sich der Erstellungsaufwand für eine womöglich einmalig stattfindende Schulungssituation mit einer Kleingruppe nicht lohnt.

- Welche Lernplattform wird in der Hochschule/Universität bereits eingesetzt und soll diese genutzt werden? Werden weitere Tools/Software benötigt? Sind sie bereits im Einsatz oder müssen sie angeschafft werden (wenn ja, aus welchem Etat)?[9]
- Gibt es vielleicht schon E-Learning-Elemente anderer Abteilungen, die (wenn auch nur in Teilen) übernommen werden können?
- Welche technischen Möglichkeiten gibt es zur Umsetzung von Blended Learning-Szenarien?

Sinnvoller Aufbau von Blended Learning-Schulungen

Schulungen, die durch online-Phasen unterstützt werden sollen, werden optimalerweise im Sandwich-Prinzip (Wahl, 1995) angelegt. Nach Sauter et al. (2004, S. 113) wechseln beim Sandwich-Prinzip „Phasen eher rezeptiver Informations- und Wissensaufnahme mit Phasen eher aktiver Wissensverarbeitung ab." Dabei bietet das Sandwich-Prinzip eine Ordnungsstruktur (vgl. Abb. 10). Durch die Abwechslung von Wissensaufnahme und -verarbeitung wird die Aufmerksamkeit erhalten. Die unterschiedlichen Teile des Sandwiches können auch mit Gruppen- und Einzelarbeit und/oder Online- und Präsenzphasen kombiniert werden.

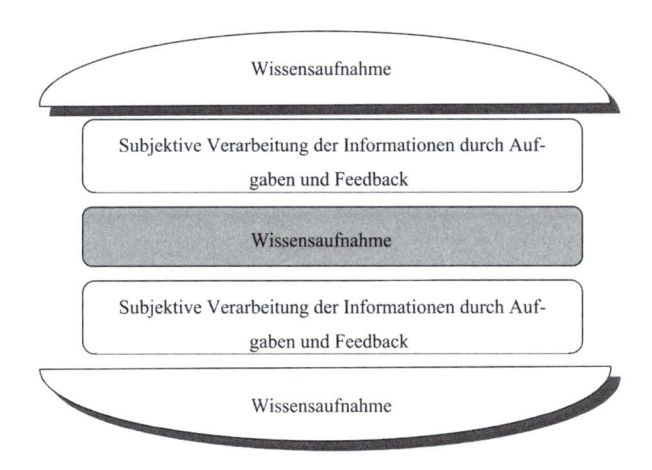

Abb. 10: Sandwich-Prinzip (in Anlehnung an Wahl, 1995).

Tools zur Umsetzung von Blended Learning

Blended Learning ist ein Mix aus Lernen in Präsenzveranstaltungen und E-Learning. Zur Produktion von E-Learning wird zunächst ein didaktisches Konzept und zu dessen Umsetzung Software benötigt, die vielleicht schon in der Institution eingesetzt wird (so hat mittlerweile jede Universität eine Lernplattform in Betrieb) oder die noch beschafft werden muss. Die in diesem Kapitel aufgeführte Software stellt eine Auswahl möglicher Produkte dar, die bei der Umsetzung von E-Learning-Konzepten eingesetzt werden können. Um eine Orientierungshilfe bei der Auswahl von Tools geben zu können, haben wir ausgehend von unseren persönlichen Erfahrungen Tools

---

9 Der Einsatz von Technik sollte in diesem Zusammenhang immer der Maxime „Form follows function" folgen, d. h. zuerst wird ein didaktischer Ansatz mit Lernzielen gewählt und danach erfolgt die Entscheidung über den Einsatz von technischen Hilfsmitteln.

ausgewählt, die wir für geeignet halten, im Kontext der Teaching Library eingesetzt zu werden. Um eine Orientierung zu bieten, haben wir diese Tools für Sie „bewertet". In der folgenden Übersicht über die Tools nutzen wir für diese Bewertung folgende Symbole:
- * bedeutet, das Tool ist einfach zu bedienen und auch für „Anfänger/innen" geeignet.
- ** bedeutet, das Tool setzt bereits Kenntnisse voraus und ist nach Einarbeitung und für regelmäßigen Gebrauch geeignet.
- *** bedeutet, das Tool bietet einen großen Funktionsumfang, bedarf aber der Unterstützung durch IT-Fachleute (bei Lernplattformen zumindest bei der Implementierung, bei Programmiersprachen auch bei der Nutzung).
- – bedeutet, zu diesem Tool liegen keine Erfahrungswerte vor.

Lernplattformen (LMS) (in Auswahl):

Eine Lernplattform, auch LMS, also Lernmanagementsystem genannt, wird auf einem Webserver installiert und hat verschiedene Funktionen:
- Nutzerverwaltung
- Bereitstellung von Lerninhalten
- Kommunikation zwischen Lernenden und Lehrenden

Kommerzielle Anbieter:

Lernplattformen

Lernplattform	Beispiele/Demos	„Bewertung"
Blackboard[10]	Blackboard Inc.: Products, Feature showcase: http://www.blackboard.com/Platforms/Learn/Products/Blackboard-Learn/Teaching-and-Learning/Feature-Showcase.aspx (nur Übersicht)	***
Clix[11]	IMC: Clix Learning Suite Video: http://www.im-c.de/germany/de/solutions/learning-management/clix-learning-suite/was-ist-clix/clix-learning-suite-video/fancybox.html	***
Fronter[12]	Fronter: Fronter Help/Fronter Courses: http://webfronter.com/help/vol92_en/#Courses	**
easyLEARN[13]	SDN AG: easyLEARN testen: http://trial.easylearn.ch/trialkonto.php (mit persönlicher Anmeldung)	**
open-EIS[14]	Community4you GmbH: Produktblatt: http://www.community4you.de/de/media/download/product_open_eis_de/pdf_file/0.pdf-produktblatt_open-EIS.pdf	–

Tab. 2: Kommerzielle Anbieter von Lernmanagementsystemen

---

10 Blackboard Inc.: Blackboard Homepage. http://www.blackboard.com/ (30. 11. 11).
11 IMC: Clix Learning Suite. http://www.im-c.de/germany/de/solutions/learning-management/clix-learning-suite/ (30. 11. 11).
12 3 Fronter: Fronter Homepage. http://de.fronter.info/ (30. 11. 11).
13 SDN AG: easyLEARN. http://www.sdnag.com/ (30. 11. 11).
14 Community4you GmbH: community4you Homepage. http://www.community4you.de/de/technologie-open-eis/index.html (30. 11. 11)

Open Source/ „Kostenlos":
Es gibt Lernplattformen, die „open source" betrieben werden, d. h. der Quellcode der Software ist für jeden zugänglich und jeder kann sich an der Weiterentwicklung des lizenzkostenfreien Produktes beteiligen. Der Download der Software ist also kostenlos, allerdings bringt die Inbetriebnahme einer Lernplattform immer Kosten mit sich, z. B. Personalkosten. Manche der Lernplattformen werden auch von kommerziellen Hosts angeboten, wenn eine Institution die Plattform nicht selbst implementieren und betreiben möchte.

Lernplattform	Beispiele/Demos	„Bewertung"
ILIAS[15]	ILIAS open source e-Learning e.V.: ILIAS Demo http://demo.ilias.de/ (mit Demo-Benutzer)	*
moodle[16]	Moodle: Moodle Demonstration Site: http://demo.moodle.net/ (mit Demo-Benutzer)	*
OLAT[17]	OLAT: Welcome to the OLAT demo server! http://demo.olat.org/demo/dmz/ (mit Demo-Benutzer)	*
Stud.IP[18]	Stud.IP e.V.: Stud.IP 2.0 Demo: http://demo.studip.de/ (mit Demo-Benutzer)	*
iversity[19]	Iversity: Einführungsvideo zu iversity: http://www.iversity.org/	–
Metacoon[20]	metaVentis GmbH: metacoon: http://demo.metacoon.net/ (mit Demo-Benutzer)	**

Tab. 3: Open Source Angebote von Lernmanagementsystemen

Autorensprachen (in Auswahl):
Mit diesen umfang- und funktionsreichen Tools können multimediale Inhalte erstellt werden, die anschließend als Webseite (bei HTML) oder i.d.R. als Film oder Animation (bei Flash) verwendet werden können.

Autorensprachen

Autorensprachen	Beispiele/Demos/Download	„Bewertung"
HTML[21] (Hypertext Markup Language) (= textbasierte Auszeichnungssprache)	Universitätsbibliothek Mannheim: MLA International Bibliography. http://www.bib.uni-mannheim.de/fileadmin/elearning/mla/index.html Zur Erstellung von HTML-Seiten werden Editoren verwendet, die es „kostenlos" oder als kommerzielle Produkte gibt.	***

---

15 ILIAS open source e-Learning e.V.: ILIAS Homepage. http://www.ilias.de/docu/ (30. 11. 11).
16 Moodle: Moodle Homepage. http://moodle.org/ (30. 11. 11).
17 OLAT: OLAT Homepage. http://www.olat.org/website/en/html/index.html (30. 11. 11).
18 Stud.IP e. V.: Stud.IP Homepage. http://www.studip.de/ (30. 11. 11).
19 iversity GmbH: Iversity. The collaboration network for academia. http://www.iversity.org/ (30. 11. 11).
20 metaVentis GmbH: metacoon. Homepage. http://www.metacoon.net/ (30. 11. 11).
21 SELFHTML e.V.: SELFHTML. http://de.selfhtml.org/ (14. 12. 2011).

Autorensprachen	Beispiele/Demos/Download	„Bewertung"
Adobe Flash[22] (Authoring-Umgebung, in Kombination mit der Skriptsprache „ActionScript")	Bibliothek der Technischen Universität Hamburg-Harburg (TUHH): Discus. http://discus.tu-harburg.de/index.php?idlink= und http://www.vision.tu-harburg.de/de/vision.php	***
	Adobe Systems Incorporated: Kostenlose Testversion von Flash Professional CS5.5 herunterladen. http://www.adobe.com/cfusion/tdrc/index.cfm?product=flash&loc=de (Testversion zum Download, nach Registrierung)	

Tab. 4: Autorensprachen

Autorensoftware

Autorensoftware (in Auswahl):

Mit einer Autorensoftware können multimediale Inhalte (Texte, Bilder, Animationen – in verschiedensten Formaten, z. B. PDF, PPT, JPEG, GIF, Flash) unter einer einheitlichen Bedienoberfläche zusammengestellt werden. Die Software kann integrierter Teil einer Lernplattform sein oder ein separates Produkt (was z. B. Auswirkungen auf die Auswertung von Tests hat, da die Nutzerverwaltung über die Lernplattform läuft). Mit Autorensoftware werden i.d.R. WBTs (Web Based Trainings) hergestellt, die z. B. auf einer Homepage oder einer Lernplattform mit Hilfe von Schnittstellen (wie z. B. SCORM[23]) eingebunden werden.

Autorensoftware	Beispiele/Demos/Download	„Bewertung"
IDA[24]	Birgin GmbH: Referenzbericht AOK. http://www.birgin.de/images/birgin/pdfs/20110620_Referenzbericht_AOK_NS.pdf	**
	Birgin GmbH: Übersicht. http://www.birgin.de/de/produkte/ida/uebersicht (Testversion auf Nachfrage)	
Mediator[25]	MatchWare GmbH: Mediator 8 Exp Flash-Interaktiver Test. http://www.matchware.dk/mediator8examples/demo2/flashge/main.htm	–
	MatchWare GmbH: Mediator 9 Deutsch Testversion. http://www.matchware.com/ge/demo/index.php?product=Mediator_9_german&filename=mediator9_ge_demo.exe (Testversion zum Download, nach Registrierung)	
EasyProf[26]	Daten + Dokumentation GmbH: EasyProf Beispiele. http://easyprof.de/beispiele/	**
	Daten + Dokumentation GmbH: EasyProf Download Test-Version. http://easyprof.de/download-test-version/ (Testversion zum Download, nach Registrierung)	

---

22 Adobe Systems Incoroporated: Adobe Flash Professional CS5.5. http://www.adobe.com/de/products/flash.html (14. 12. 2011).
23 Vgl. http://scorm.com/de/scorm-erkl%C3%A4rt/ (29. 12. 2011).
24 Birgin GmbH: IDA 3.0. http://www.birgin.de/de/produkte/ida/uebersicht (14. 12. 2011).
25 MatchWare GmbH: Mediator 9. http://www.matchware.com/ge/products/mediator/default.htm (14. 12. 2011).
26 Daten + Dokumentation GmbH: EasyProf. http://easyprof.de/ (14. 12. 2011).

Autorensoftware	Beispiele/Demos/Download	„Bewertung"
Authorware[27]	Adobe Systems Incorporated: Download Authorware 7. https://www.adobe.com/cfusion/tdrc/index.cfm?product=authorware (Testversion zum Download, nach Registrierung)	–

Tab. 5: Kostenpflichtige Autorensoftware

Open Source/„Kostenlos":

Autorensoftware mit erweiterten Funktionen	Beispiele/Demos/Download	„Bewertung"
eXelearning[28][29]	Ulrike Ernst Mediendesign: eXelearning-Kompendium. http://designall.de/exe_old/index.html	**
	DIALOGE Beratungsgesellschaft Renate Jirmann und Ralf Hilgenstock GbR: Download. http://exelearning.de/download.html (Gratisversion zum Download)	

Tab. 6: Open Source Autorensoftware

Bildschirmaufzeichnung:

Diese Screencaming-Tools ermöglichen ein Aufzeichnen der Bildschirmaktivitäten und eine anschließende Bearbeitung des entstandenen Films bzw. der Folien. Die Endprodukte können dann, mit Ton oder ohne, in eine Webseite oder in eine Lernplattform integriert werden.

Kommerzielle Anbieter:

Bildschirm-aufzeichnung	Beispiele/Demos/Download	„Bewertung"
Lecturnity[30]	IMC: Lecturnity. Kundendemos. http://www.lecturnity.de/de/community/kundendemos/	**
	IMC: Aufnehmen mit Lecturnity: schnell und einfach. http://esd.element5.com/demoreg.html?productid=300325383&languageid=2 (Testversion zum Download)	
Camtasia Studio[31]	UB Freiburg: eLearning Häppchen: Boolsche Operatoren. http://www.ub.uni-freiburg.de/fileadmin/ub/elearn/bits/boolesche_operatoren/boolesche_operatoren.html	**
	TechSmith Corporation: Camtasia Studio. http://www.techsmith.de/download/camtasiatrial.asp (Testversion zum Download)	

---

[27] Adobe Systems Incorporated: Adobe Authorware 7. http://www.adobe.com/products/authorware/ (14. 12. 2011).
[28] Adobe Systems Incorporated: Adobe Authorware 7. http://www.adobe.com/products/authorware/ (14. 12. 2011).
[29] DIALOGE Beratungsgesellschaft Renate Jirmann und Ralf Hilgenstock GbR: http://exelearning.de/impressum.html (14. 12. 2011).
[30] IMC: Aufnehmen mit Lecturnity: schnell und einfach. http://www.im-c.de/germany/de/solutions/presentation-recording/lecturnity/ (30. 11. 11).
[31] TechSmith Corporation: Camtasia Studio. http://www.techsmith.de/camtasia.asp (30. 11. 11).

Bildschirm-aufzeichnung	Beispiele/Demos/Download	„Bewertung"
Captivate[32]	Adobe Systems Incorporated: Adobe Captivate 5.5/Anwendungs-beispiele. http://www.adobe.com/cfusion/showcase/index.cfm?event=casestudydetail&casestudyid=1131426&loc=en_us	**
	Adobe Systems Incorporated: Adobe Captivate 5.5 herunterladen. https://www.adobe.com/cfusion/tdrc/index.cfm?loc=de&product=captivate (Testversion zum Download, nach Registrierung)	
Jing[33] (Jing Free: kostenlose eingeschränkte Variante/ Jing Pro: kommerzielle Variante)	TechSmith: Overview Video. http://www.techsmith.com/jing.html# TechSmith: Jing Tutorials. http://www.techsmith.com/tutorial-jing.html TechSmith: Jing Download. http://www.techsmith.com/download/jing/default.asp (Gratisversion zum Download)	*
TurboDemo[34]	balesio AG: Demo. http://www.balesio.com/demos/demo.php?file=/demos/deu/td-inaction-680x590.swf&w=680&h=590&lang=de&gatp=turbodemo/deu/features-banner-demo balesio AG: TurboDemo Professional Gratis-Testversion. http://www.balesio.com/turbodemo/deu/download.php (Testversion zum Download)	**

Tab. 7: Kommerzielle Anbieter für Screencaming-Software

Open Source/„Kostenlos":

Bildschirm-aufzeichnung	Beispiele/Demos/Download	„Bewertung"
Wink[35]	Beispiel einer Anwendung: http://www.lincolnchc.org/view.htm	–
	Satish Kumar: DebugMode Wink Download. http://www.debugmode.com/wink/download.htm (Gratisversion zum Download)	

Tab. 8: Open Source Screencaming-Software

Aufgabenstellung/Lernstandskontrolle

Aufgabenerstellung/Lernstandskontrolle:

Mit diesen Tools können Aufgaben/Tests erstellt und ausgewertet werden. Möglichkeiten zur Aufgabenerstellung und Evaluation sind meist auch in Lernplattformen integriert, weshalb hier nur eine kleine Auswahl vorgestellt wird. Integrierte Lösungen bieten den Vorteil, dass die Auswertung (auch) personalisiert erfolgen kann, d. h. der Administrator/der Lehrende sieht z. B. welcher Nutzer welche Aufgaben mit welchem Ergebnis gelöst hat und kann dies z. B. zur Optimierung der Aufgabenstellung nutzen.

---

32 Adobe Systems Incorporated: Adobe Captivate 5.5. http://www.adobe.com/de/products/captivate.html (30. 11. 11).
33 TechSmith Corporation: Jing. http://www.techsmith.com/jing.html (30. 11. 11).
34 balesio AG: TurboDemo. http://www.turbodemo.com/deu/index.php (30. 11. 11).
35 Satish Kumar: DebugMode Wink. http://www.debugmode.com/wink/ (30. 11. 11).

Kommerzielle Anbieter:

Aufgabenerstellung/ Lernstandskontrolle	Beispiele/Demos/Download	„Bewertung"
Powertrainer[36]	IMC: Beispiele zum Funktionsumfang: http://www.im-c.de/germany/de/solutions/professional-authoring/demos/demos-funktionsumfang/	**

Tab. 9: Kommerzielle Anbieter von Software für Aufgabenerstellung/Lernstandskontrolle

Open Source/„Kostenlos":

Aufgabenerstellung/ Lernstandskontrolle	Beispiele/Demos/Download	„Bewertung"
Hot Potatoes[37] (Aufgabenerstellungstool)	HCMC: Hot Potatoes Homepage. http://web.uvic.ca/hrd/hotpot/#downloads (Gratisversion zum Download, nach Registrierung und bei akademischem Gebrauch)	*
	Zentrale für Unterrichtsmedien im Internet e.V.: Hot Potatoes. http://wiki.zum.de/Hot_Potatoes (Tutorials und Beispiele)	

Tab. 10: Open Source Software für Aufgabenerstellung/Lernstandskontrolle

Sonstige Hilfsmittel:

Die hier aufgeführten Tools können im Rahmen von Blended-Learning-Szenarien hilfreich sein.

Sonstige Hilfsmittel	Beispiele/Demos/Download	„Bewertung"
Mahara[38] (Lernportfoliotool)	Andrè Krüger: Willkommen bei Mahara. http://test.mahara.de/ (mit Demo-Benutzer)	*
Wordpress[39] (Blogtool)	Inpsyde GmbH: Blogmap. http://blogmap.wordpress-deutschland.org/ (Beispiele)	*
	Universität Bielefeld: LernBlog.https://blogfarm.uni-bielefeld.de/ ; https://blogfarm.uni-bielefeld.de/demo/?doing_wp_cron (Demoblog)	
	Universitätsbibliothek Paderborn: BlogQuest Informationsrecherche in der Universitätsbibliothek Paderborn. http://www.ub.uni-paderborn.de/questwiwi/ (Beispiel)	
Wiki[40][41]	Wikimedia Foundation Inc.: Wikiversity. http://de.wikiversity.org/wiki/Hauptseite (Beispiel)	** * (integriert auf Lernplattform)

---

[36] IMC: Powertrainer macht eLearning einfach. http://www.im-c.de/germany/de/solutions/learning-management (14.12.11).
[37] Rüdiger Klampfl: Home Hot Potatoes. http://www.hotpotatoes.de/ (14.12.2011).
[38] André Krüger: Mahara.de. http://www.mahara.de/ (14.12.2011).
[39] Inpsyde GmbH: WordPress Deutschland. http://wordpress-deutschland.org/ (14.12.2011).
[40] Eine Liste verfügbarer Wiki-Software findet sich bei Wikipedia: http://de.wikipedia.org/wiki/Liste_von_Wiki-Software (14.12.2011). Die Möglichkeit, ein (integriertes) Wiki einzurichten ist oft bereits auf der Lernplattform vorgegeben.
[41] Literaturtipp: Stabenau, E. & Plieninger, J.: Wikis erstellen. Berufsverband Information Bibliothek e.V. 2006. (Checklisten 16). http://www.bib-info.de/fileadmin/media/Dokumente/Kommissionen/Kommission%20f%FCr%20One-Person-Librarians/Checklisten/check16.pdf (29.12.2011).

Etherpad[42] (webbasierter Texteditor)	PiratePad. http://piratepad.net/front-page/ (Beispiel)	–
Slideshare[43] (Plattform für Präsentationen)	SlideShare Inc.: Featured. http://www.slideshare.net/featured (Beispiele)	*
Mindmeister[44] (Mindmappingtool)	MeisterLabs GmbH: Map Bibliothek. http://www.mindmeister.com/de/public (Beispiele, Vorlagen)	*
Diigo[45] (Bookmarkingtool)	Diigo Inc.: What are Diigo Educator Accounts? http://www.diigo.com/education (Gratisversion für Lehrende, nach Anmeldung)	–

Tab. 11: Ergänzende Tools für Blended-Learning-Szenarien

---

42 Etherpad Foundation: Collaborate in documents in really real-time. http://etherpad.org/ (14. 12. 2011).
43 SlideShare Inc.: slideshare. http://www.slideshare.net/ (14. 12. 2011).
44 MeisterLabs GmbH: Mind Mappen. Brainstormen. http://www.mindmeister.com/de (14. 12. 2011).
45 Diigo Inc.: Collect and Highlight, Then Remember. http://www.diigo.com/ (14. 12. 2011).

8 Der Weg vom Lehrszenario zur Realisierung

Nachdem nun die lerntheoretischen Grundlagen und Lehrstrategien für die Realisierung von Lehrszenarien an der Teaching Library vorgestellt wurden, geht es nun darum, aufzuzeigen, wie man ein Szenario, wie z. B. die in Kapitel 9 aufgeführten, am effektivsten umsetzt. Unser Vorschlag einer Vorgehensweise wird im Folgenden (auch anhand der Abb. 12 am Ende des Kapitels) erläutert.

Das Planen einer konkreten Schulung kann man sich wie das Planen eines Weges innerhalb einer Stadt vorstellen: Den Ausgangspunkt des Weges bilden die externen Voraussetzungen der Schulung (Raum, Zeit, Medien etc.) und die internen Voraussetzungen der Lernenden (Vorwissen, Motivation, Interesse etc.). Das Ziel in der Stadt bilden die Lernziele, die mit einer Schulung erreicht werden sollen. Wie beim Planen eines Weges mit Hilfe einer Straßenkarte, muss man sich also auch beim Planen einer Schulung erst einmal einen Überblick über den Ausgangspunkt, also die Voraussetzungen, und über das Ziel verschaffen. Erst wenn man Ausgangspunkt und Ziel auf der Karte lokalisiert hat, kann man beginnen, den geeignetsten Weg vom Ausgangspunkt zum Ziel auszuwählen, d. h. erst dann kann man sich im Kontext von Schulungen überlegen, wie die Schulung strategisch und methodisch zu gestalten ist. Genauso wie nämlich eine Straßenkarte wenig hilfreich ist, wenn man den Ausgangspunkt und das Ziel nicht kennt, genauso ist das Planen einer Schulung ohne die Kenntnis der Voraussetzungen und der Ziele ineffektiv, denn: wo beginnt man dann? Wo kommt man an? Eine Schulung wird dann zu einem „Spaziergang", aber nicht zu einem Weg, den man geht, um ein Ziel zu erreichen.

Um eine Schulung als einen Weg, über den man ein Lernziel erreichen kann, zu gestalten, müssen also vorab Voraussetzungen und Ziele geklärt werden, bevor dann der geeignetste Weg im Sinne einer Strategie gewählt werden kann.

Wie eine Schulung in diesem Sinne geplant werden kann, wird im Folgenden aufgezeigt. Allerdings sind dabei zwei Herangehensweisen zu unterscheiden (vgl. auch Abb. 11 am Ende des Kapitels). Welche gewählt wird, ist vom Szenario/„Auftrag" abhängig, das den Anstoß zu einer Schulung gibt. Der Auftrag kann dabei Unterschiedliches umfassen: manches gibt er vor, manches lässt er offen. Je nach dem was er vorgibt, und was er offen lässt, ist die Herangehensweise beim Planen eine andere.

Ist kein Ziel vorgegeben, so sind nach einer Analyse der Voraussetzungen zunächst die Ziele zu formulieren (Herangehensweise 1). Sind dagegen ein oder mehrere Ziele zumeist in Kombination mit einem Teil von Voraussetzungen (meist die Zielgruppe) vorgegeben, so müssen nach einer genaueren Betrachtung der vorgegebenen Ziele, die Voraussetzungen festgelegt werden (Herangehensweise 2).

Im Folgenden wird nun zunächst allgemein darauf eingegangen, welche Voraussetzungen als Ausgangspunkt des Wegs zu berücksichtigen sind, und wie Lernziele als Ziele des Weges bestimmt werden können. Anschließend werden die beiden Herangehensweisen dargestellt, bevor dann aufgezeigt wird, wie ausgehend von den Voraussetzungen und Zielen, eine Schulung strategisch und methodisch geplant werden kann.

8.1 Voraussetzungen als Ausgangspunkt einer Schulung

Bevor eine Schulung im Sinne eines Weges strategisch und methodisch geplant werden kann, müssen die Voraussetzungen als Ausgangspunkt geklärt werden. Dabei lassen sich die internen von den externen Voraussetzungen unterscheiden: Zu den externen Voraussetzungen gehören das Thema der Schulung, die Zielgruppe und die Teilnehmerzahl, die zur Verfügung stehende Zeit, die Uhrzeit und die (mediale) Ausstattung und Größe des zur Verfügung stehenden Raumes. Zu den internen Voraussetzungen gehören alle bei den potentiellen Teilnehmenden intern vorliegenden Faktoren, die den Lehr-Lernprozess beeinflussen können. Von besonderer Bedeutung sind dabei das Vorwissen, d. h. die Vorkenntnisse/Erfahrungen, die Motivation sowie das Interesse, bzw. die Erwartungen der potentiellen Teilnehmenden an die Schulung. Diese internen Voraussetzungen sind in den wenigsten Aufträgen explizit vorgegeben; sie sind vielmehr aus Informationen über die Zielgruppe zu erschließen und daher häufig sehr viel weniger konkret als die externen Voraussetzungen.

Sowohl die internen als auch die externen Voraussetzungen sind als Ausgangspunkt einer Schulung im Sinne eines Wegs zu verstehen: hier beginnt der Weg.

Neben dem Ausgangspunkt ist auch das Ziel zu bestimmen, bevor ein geeigneter Weg ausgesucht/geplant werden kann. Um die Lernziele geht es im Folgenden.

8.2 Lernziele als Ziel einer Schulung

Geht man in einer Stadt, ohne ein Ziel zu haben, durch die Straßen, so nennen wir das spazieren gehen. Spazieren gehen ist zwar schön, aber eine Schulung sollte kein Spaziergang sein, sondern ein Ziel verfolgen. Schließlich geht es nicht in erster Linie darum, dass Lehrende und Lernende eine gute und angenehme Zeit miteinander verbringen, sondern darum, dass Ziele erreicht werden, dass etwas gelernt, dass eine Kompetenz aufgebaut oder erweitert wird.

Lernzielformulierungen

Damit Ziele von Schulungen aber auch wirklich zu Zielen werden, die erreicht werden können, und die damit handlungsleitend werden, müssen sie beobachtbar, also operationalisiert formuliert werden. Dafür müssen Lernzielformulierungen zwei Teile haben: erstens ein Verb, welches eine beobachtbare Handlung beschreibt, und zweitens einen Gegenstandsbereich, auf den die Handlung bezogen ist. Beispiele für Verben, die eine beobachtbare Handlung beschreiben, sind „erklären", „beschreiben", „nennen", „bewerten" usw. Beispiele für Gegenstandsbereiche, auf welche dieses Handeln bezogen sein kann, sind „die Funktionen einer Datenbank", „das Vorgehen bei einer Recherche", „die Standorte der Bibliothek" usw. Daraus lassen sich dann Lernziele wie in Tab. 12 dargestellt formulieren:

	Gegenstandsbereich	Handlung
Die Teilnehmenden können	die Funktionen einer Datenbank	nennen.
Sie können	das Vorgehen bei einer Recherche	erklären.
Sie können	die Standorte der Bibliothek	benennen.

Tab. 12: Systematik von Lernzielformulierungen.

Lernziele auf diese Weise zu formulieren, ermöglicht es erstens, sicherzustellen, dass man beim Planen der Schulung zielgerichtet vorgeht und möglichst den direktesten Weg wählt. Zweitens ermöglicht es, am Ende der Veranstaltung zu überprüfen, ob die Ziele erreicht wurden.

Eine Hilfe beim operationalisierten Formulieren von Lernzielen gibt die sogenannte Bloomsche Taxonomie kognitiver Lernziele (Bloom et al., 1974). Grundlegende Idee dieser Taxonomie ist es, dass es Lernziele unterschiedlicher Stufen gibt, die jeweils Lernziele der ihr untergeordneten Stufen umfassen. Die Stufen der Taxonomie zeigt Abb. 11 (vgl. Macke, Hanke, & Viehmann, 2008).

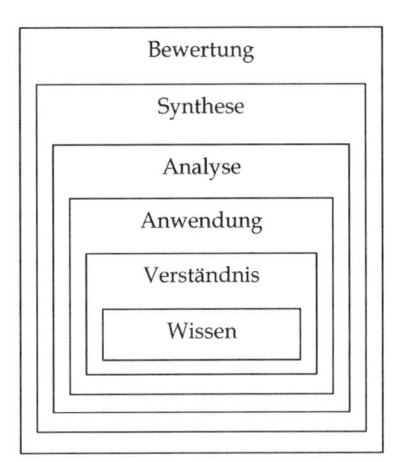

Bloomsche Taxonomie

```
┌─────────────────────────────┐
│  Bewertung                  │
│  ┌───────────────────────┐  │
│  │  Synthese             │  │
│  │  ┌─────────────────┐  │  │
│  │  │  Analyse        │  │  │
│  │  │  ┌───────────┐  │  │  │
│  │  │  │ Anwendung │  │  │  │
│  │  │  │ ┌───────┐ │  │  │  │
│  │  │  │ │Verständnis│  │  │
│  │  │  │ │ ┌───┐ │ │  │  │  │
│  │  │  │ │ │Wissen│ │  │  │
│  │  │  │ │ └───┘ │ │  │  │  │
│  │  │  │ └───────┘ │  │  │  │
│  │  │  └───────────┘  │  │  │
│  │  └─────────────────┘  │  │
│  └───────────────────────┘  │
└─────────────────────────────┘
```

Abb. 11: Taxonomie kognitiver Lernziele nach Bloom (Abbildung nach Macke, Hanke, & Viehmann, 2008, S. 79).

Die Stufen beschreibt die Arbeitsgruppe um Bloom durch verschiedene beobachtbare Handlungen. Diese können direkt dazu genutzt werden, operationalisierte Lernziele zu formulieren, indem die Verben (Handlungen) als Teil der Lernzielformulierung übernommen und dann mit dem Gegenstandsbereich ergänzt werden (siehe oben). Die Handlungen der jeweiligen Stufen finden sich in Tab. 13.

Stufe	Definition	Verben
Wissen	Inhalte/Sachverhalte wörtlich wiedergeben können	aufzählen, nennen
Verstehen	Inhalte/Sachverhalte mit eigenen Worten wiedergeben können	beschreiben, erläutern, erklären
Anwenden	Anwenden, tun können	benutzen, durchführen, gebrauchen, anwenden
Analysieren	Sachverhalte in ihre Struktur zerlegen können	analysieren, unterscheiden, vergleichen, zuordnen
Synthetisieren	Aussagenelemente zu einem neuen Aussagenkomplex zusammenfügen können	entwerfen, entwickeln, kombinieren, konstruieren, planen
Bewerten	Sachverhalte nach Kriterien beurteilen können	bewerten, beurteilen, entscheiden, auswählen

Tab. 13: Stufen der Bloomschen Taxonomie kognitiver Lernziele mit Definition und Verben (nach Macke, Hanke, & Viehmann, 2008, S. 79).

Die unterste Stufe der Taxonomie umfasst also Lernziele, die beschreiben, was Lernende wissen sollen. Die zweite Stufe fokussiert Lernziele, die beschreiben, was Lernende verstanden haben sollen, d. h. z. B. in eigenen Worten wiedergeben können. Außerdem umfasst sie – entsprechend des grundlegenden Gedankens der Taxonomie – Handlungen der ersten Stufe, d. h. Handlungen, die beschreiben, dass jemand etwas reproduzieren kann. Um Lernziele der zweiten Stufe erreichen zu können, muss also entweder sichergestellt werden, dass die Lernenden die auf der ersten Stufe geforderten Handlungen bereits durchführen können, oder es müssen zunächst Lernziele der ersten Stufe als Etappenziele festgelegt werden, da das Beherrschen der Handlungen der ersten Stufe die Voraussetzung für das Erreichen von Lernzielen der zweiten Stufe darstellen. Ebenso setzt es voraus, dass Handlungen der ersten und zweiten Stufe bereits beherrscht werden, wenn Lernziele der dritten Stufe angestrebt werden sollen. Ist dies nicht der Fall, so müssen die Lernziele der ersten und zweiten Stufe als Etappenziele für die Schulung bestimmt werden.

> Die Bloomsche Taxonomie kognitiver Lernziele ermöglicht es, mit Hilfe der vorgeschlagenen Verben Lernziele operationalisiert zu formulieren und anschließend die Differenz zwischen Ist-Zustand (Vorwissen, beherrschte Handlungen) und dem angestrebten Lernziel zu bestimmen. Auf diese Weise müssen bei einer Differenz von mehr als einer Stufe zwischen den beherrschten Handlungen und den durch das Lernziel angestrebten Handlungen Etappenziele bestimmt werden, die gleichzeitig auch den Ablauf der Schulung/den Weg genauer bestimmen.

Nachdem auf diese Weise die Voraussetzungen als Ausgangspunkt einer Schulung und die Ziele und ggf. Etappenziele bekannt sind, kann der angemessenste Weg zwischen diesem Ausgangspunkt und den Zielen unter Berücksichtigung der Etappenziele gestaltet werden.

Bevor darauf jedoch genauer eingegangen wird, werden die beiden oben beschriebenen Herangehensweisen für das Klären der Voraussetzungen und das Bestimmen der Lernziele dargestellt.

8.3 Vorgehen beim Planen von Schulungen

Ausgangspunkt und Ziel bestimmen
Herangehensweise 1: Im Auftrag kein Ziel vorgegeben

Sind durch den sogenannten Auftrag/das Szenario, also den Anstoß für eine bestimmte Schulung, zwar einige Voraussetzungen vorgegeben (z. B. Zielgruppe und zur Verfügung stehende Zeit), aber keine Lernziele, so sind in einem ersten Schritt die Voraussetzungen zu präzisieren, in einem zweiten Schritt die Lernziele unter Berücksichtigung der Voraussetzungen zu bestimmen und in einem dritten die nicht vorgegebenen Voraussetzungen festzulegen.

Zunächst sollten die internen Voraussetzungen der Zielgruppe antizipiert werden, da diese nicht veränderbar sind, sondern als gegeben hingenommen werden müssen. Dabei sollte man klären,

Tab. 13: Stufen der Bloomschen Taxonomie kognitiver Lernziele mit Definition und Verben (nach Macke, Hanke, & Viehmann, 2008, S. 79).

- was diese Zielgruppe bereits weiß und kann,
- welches Interesse sie hat,
- was sie für den Besuch der Schulung motiviert,
- was sie erwartet.

Ausgehend von diesen internen Voraussetzungen und den fest vorgegebenen externen Voraussetzungen können dann die Ziele bestimmt werden. So wird z. B. offensichtlich, dass Handlungen, die eine Zielgruppe bereits beherrscht, nicht als Ziel zu formulieren sind. Ebenso wenig ist „Die Teilnehmenden können in der Datenbank X eine erweiterte Suche durchführen." ein Ziel für eine Zielgruppe, die erwartet zu erfahren, wie man einen Benutzerausweis der Bibliothek beantragt.

Auch externe Voraussetzungen können die Lernziele einschränken: Eine Gruppengröße von 90 Teilnehmenden oder das Fehlen verfügbarer PCs ermöglichen es z. B. nicht, ein Lernziel wie „Die Teilnehmenden können in der Datenbank X eine erweiterte Suche durchführen." zu erreichen. Ein solches Lernziel kann also sinnvollerweise nicht formuliert werden, da es unter den gegebenen Voraussetzungen nicht erreichbar ist.

Damit schränken die internen Voraussetzungen und die fest vorgegebene externen Voraussetzungen also die erreichbaren Lernziele ein.

Ist das Lernziel dann mit Hilfe der Bloomschen Taxonomie operationalisiert formuliert und die Stufe dieses Ziels in der Taxonomie bestimmt, so kann begonnen werden, Etappenziele festzulegen. Dafür muss die Stufe der Handlungen, die die Zielgruppe bereits beherrscht (Vorwissen) in der Taxonomie bestimmt werden. Ausgehend von dieser Stufe und der Stufe des formulierten Lernziels wird die Differenz sichtbar, die in der Schulung überbrückt werden muss. Ist diese Differenz größer als eine Stufe, so ist ein Etappenziel auf jeder Zwischenstufe zu formulieren. Ist das Lernziel „Die Teilnehmenden sollen in der Datenbank X eine einfache Suche durchführen können" (Stufe Anwenden) vorgegeben und gleichzeitig antizipiert worden, dass die Teilnehmenden die grundlegenden Funktionen dieser Datenbank schon nennen können (Stufe Wissen), so ist als Etappenziel zu formulieren, dass sie die Funktionen auch erklären können (Stufe Verstehen). Hat die Analyse der Zielgruppe jedoch ergeben, dass die Zielgruppe die Funktionen auch schon erklären kann (Stufe Verstehen), so ist dies kein Etappenziel, sondern eine interne Voraussetzung und bestimmt damit den Ausgangspunkt.

Um auch hier die Analogie des Wegs durch die Stadt zu bemühen: Möchte man von der Bibliothek zur Universität, so braucht man nicht am Bahnhof zu starten, auch wenn der Weg vom Bahnhof zur Universität an der Bibliothek vorbeiführt; schließlich ist man bereits an der Bibliothek.

Nachdem auf diese Weise das Ziel und ggf. Etappenziele bestimmt wurden, können nicht fest vorgegebene externe Voraussetzungen festgelegt werden. Ist z. B. der Raum nicht fest vorgegeben, so kann man, wenn man ein Ziel wie „Die Teilnehmenden können in der Datenbank X eine erweiterte Suche durchführen." erreichen möchte, festlegen, dass man einen Raum mit PC-Arbeitsplätzen braucht. Steht dagegen von Anfang an fest, dass ein solcher Raum nicht zur Verfügung steht, so kann man ein solches Lernziel von Anfang an ausschließen.

Zusammenfassend lässt sich also sagen, dass bei einem Auftrag, der keine Lernziele enthält, erstens die internen Voraussetzungen antizipiert, zweitens die Lernziele unter Berücksichtigung der internen Voraussetzungen und der fest vorgegebenen externen Voraussetzungen formuliert und hierarchisiert, und drittens die offenen externen Voraussetzungen geklärt werden müssen. Auf diese Weise stehen dann Ausgangspunkt, Ziel und Etappenziele für die Schulung fest, und man kann die strategische und methodische Planung beginnen, d. h. sich also den passenden Weg auf dem Stadtplan zwischen Ausgangspunkt, Etappenzielen und Zielen heraussuchen. Bevor darauf jedoch genauer eingegangen wird, wird die Herangehensweise 2 noch genauer betrachtet.

Herangehensweise 2: Im Auftrag ist ein Lernziel vorgegeben

Ist im Szenario/Auftrag, das den Anstoß für das Gestalten einer Schulung bildet, ein Lernziel vorgegeben, so ist ein etwas anderes Vorgehen zu wählen. Als erstes müssen auch in diesem Fall die internen Voraussetzungen der Zielgruppe antizipiert werden, dann müssen Etappenziele bestimmt und die externen Voraussetzungen festgelegt werden.

Um die internen Voraussetzungen zu antizipieren, muss man sich wie bei der bereits dargestellten Herangehensweise 1 die Fragen beantworten,
– was diese Zielgruppe bereits weiß und kann,
– welches Interesse sie hat,
– was sie für den Besuch der Schulung motiviert,
– was sie erwartet.

Mit Hilfe dieser Informationen und auf der Basis des vorgegebenen Ziels sind dann die Etappenziele mit Hilfe der Taxonomie festzulegen. Dafür ist erstens mit Hilfe der Bloomschen Taxonomie die Stufe der vorgegebenen Lernziele und zweitens die Stufe der schon beherrschten Handlungen (Vorwissen) der Zielgruppe zu bestimmen. Wie in Herangehensweise 1 beschrieben, sind dann für die Stufen, die zwischen der Stufe des vorgegebenen Lernziels und der Stufe der schon beherrschten Handlungen, liegt, Etappenziele zu formulieren.

Wurde auf diese Weise der Weg genauer bestimmt, können nun auch die nicht vorgegebenen externen Voraussetzungen präzisiert werden: So kann z. B. die nötige Zeit für die Lehrveranstaltung und die nötige räumliche und mediale Ausstattung festgelegt werden.

Umfasst der Auftrag also ein Ziel, so sind erstens die internen Voraussetzungen der Zielgruppe zu antizipieren, zweitens die Etappenziele unter Berücksichtigung der internen Voraussetzungen und drittens die nicht vorgegebenen externen Voraussetzungen festzulegen.

Auf diese Weise sind nun auch bei diesem Auftrag der Ausgangspunkt und die Ziele bestimmt, sodass nun der Weg geplant werden kann, d. h. dass die strategische und methodische Planung beginnen kann.

8.4 Den Weg planen – Strategien und Methoden wählen

Wie der Weg innerhalb einer Stadt von einem Ausgangspunkt zu einem Zielpunkt mit Hilfe der Straßenkarte dieser Stadt geplant werden kann, so können ausgehend von den externen und internen Voraussetzungen und den formulierten Zielen und Etappenzielen eine angemessene Strategie und geeignete Methoden gewählt werden, mit deren Hilfe die Lernenden dann in der Lehrveranstaltung vom Ausgangspunkt zu den Zielen geleitet werden.

Dies ist jedoch leichter gesagt als getan, da es weder in der Didaktik noch im Instructional Design klare und eindeutige Handlungsanweisungen dafür gibt.

Dennoch sind natürlich unterschiedliche Strategien und Methoden für unterschiedliche Kombinationen aus externen Voraussetzungen und Lernzielen mehr oder weniger geeignet. So ist z. B. die Strategie des expositorischen Lehrens sicherlich die Strategie der Wahl, wenn große Gruppen in festbestuhlten Räumen in kurzer Zeit Lernziele der ersten oder zweiten Stufe erreichen sollen. Ebenso könnte man sagen, dass kleine Gruppen, mit denen Ziele der oberen Stufen erreicht werden sollen, sehr effektiv in problembasierten Lehrsettings unterrichtet werden können.

Über externe Voraussetzungen, für die bestimmte Lehrstrategien eingesetzt werden können, und Ziele, die mit diesen Strategien erreichbar sind, informiert Tab. 14.

	Geeignet unter folgenden externen Voraussetzungen	Erreichbar sind max. Lernziele der folgenden Stufen
Expositorisches Lehren	– Große Gruppen – Kleine Gruppen und wenig Zeit	Wissen und Verstehen
	– Kleine Gruppen – Im Anwendungskontext	Anwenden und höher
MOMBI	– Große Gruppen – Kleine Gruppen – Auch bei fester Bestuhlung	Je nach methodischer Umsetzung alle
Entdecken-lassendes Lehren	– Kleine Gruppen – Akzeptable Zeit	Je nach methodischer Umsetzung alle
Problembasiertes Lehren	– Kleine Gruppen – Akzeptable Zeit	Anwenden und höher

Tab. 14: Strategien im Kontext von Voraussetzungen und mit ihnen erreichbare Lernzielen.

Sind Etappenziele zu erreichen, so sind einzelne Schritte der Lehrstrategien oder auch die Lehrstrategie mit all ihren Schritten mehrfach hintereinander auszuführen. Soll z. B. auf dem Weg zum Ziel, eine erweiterte Suche in der Datenbank X durchführen zu können, zunächst das Etappenziel, eine einfache Suche in der Datenbank X durchführen zu können, erreicht werden, so kann dies durch zwei nacheinander zu bearbeitende Probleme im entdecken-lassenden Lehrverfahren oder durch eine zweimalige Wiederholung der Schritte „Aktivieren, Informieren, Integrieren" in MOMBI erfolgen. Es ist klar, dass ein Problem oder einmaliges „Aktivieren, Informieren, Integrieren" nicht ausreichen kann, um den Teilnehmenden sowohl die einfache als auch die erweiterte Suche näher zu bringen, da sie nicht eine einfache und eine erweiterte Suche gleichzeitig während eines „Integrierens" durchführen bzw. ein Problem nicht gleichzeitig mit einer einfachen und einer erweiterten Suche lösen können.

Nachdem die Strategie gewählt ist, sind die Methoden zu bestimmen, mit denen die Strategie umgesetzt werden soll. Die Strategie schränkt die Methoden, die geeignet sind, bereits ein oder gibt sie sogar vor. Gibt sie sie nicht vor, so sind die Methoden unter Berücksichtigung der zu erreichenden Ziele und der Voraussetzungen auszuwählen. Die Ziele sind deshalb zu berücksichtigen, weil die Methoden es den Lernenden ermöglichen müssen, die Handlungen durchzuführen, die durch die Lernziele angestrebt werden. Handlungen, die die Lernenden nämlich in der Lehrveranstaltung nie durchführen, werden sie natürlich nach der Lehrveranstaltung auch nicht beherrschen, so dass das Ziel dann nicht erreicht wurde. Beispielsweise kann ein Vortrag (Methode: Vortrag) über die Funktionen einer bestimmten Datenbank, bei der die Lernenden passiv sind und nur zuhören, nicht dazu führen, dass die Lernenden diese Datenbank später benutzen können. Dies würde nämlich voraussetzen, dass sie sie auch tatsächlich benutzen und nicht nur von ihr hören. Ebenso ist es unnötig die Lernenden mit zwei Datenbanken Recherchen durchführen zu lassen, wenn das Lernziel lediglich lautet, dass die Lernenden die Vor- und Nachteile der beiden Datenbanken nennen können sollen. In diesem Fall würde ein Vortrag mit einer anschließenden Vertiefung, in der die Lernenden Vor- und Nachteile notieren, völlig ausreichen. Dies macht deutlich, dass die Handlung, die im Lernziel formuliert ist, auch als Handlung in der Lehrveranstaltung durchgeführt werden muss. Im Umkehrschluss müssen die Teilnehmenden in der Lehrveranstaltung auch nicht zu Handlungen angeregt werden, die nicht als Ziele angestrebt werden.

Neben den Lernzielen sind natürlich auch die Voraussetzungen bei der Wahl der Methoden zu berücksichtigen. So lassen sich manche Methoden nur in kleineren Gruppen oder einem bestimmten Raum durchführen oder sind für verschiedene Altersgruppen geeigneter als für andere.

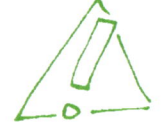

Es lässt sich also zusammenfassen (vgl. Abb. 12), dass beim Planen einer Lehrveranstaltung zunächst Ausgangspunkt (externe und interne Voraussetzungen) sowie die Lernziele und Etappenziele zu bestimmen sind. Wie dabei genau vorgegangen wird, ist abhängig von den Vorgaben des Auftrags/Szenarios. Ist kein Lernziel vorgegeben, so sind zunächst die internen Voraussetzungen der Zielgruppe zu analysieren und auf deren Basis sowie den fest vorgegebenen Voraussetzungen die Lern- und Etappenziele mit Hilfe der Bloomschen Taxonomie zu bestimmen. Dann werden die nicht fest vorgegebenen externen Voraussetzungen festgelegt. Ist ein Lernziel vorgegeben, so sind zunächst ebenfalls die internen Voraussetzungen der Zielgruppe zu analysieren, dann Etappenziele zu bestimmen, um schließlich die nicht vorgegebenen externen Voraussetzungen festzulegen.

Auf der Basis der so geklärten Voraussetzungen und der so bestimmten Ziele und Etappenziele kann dann eine geeignete Strategie und passende Methoden gewählt werden. Dabei ist zu berücksichtigen, dass die in den Zielen beschriebene Handlung immer auch in der Schulung selbst von den Lernenden durchgeführt werden muss, da man nie lernen kann, etwas zu tun, wenn man es nicht auch tut.

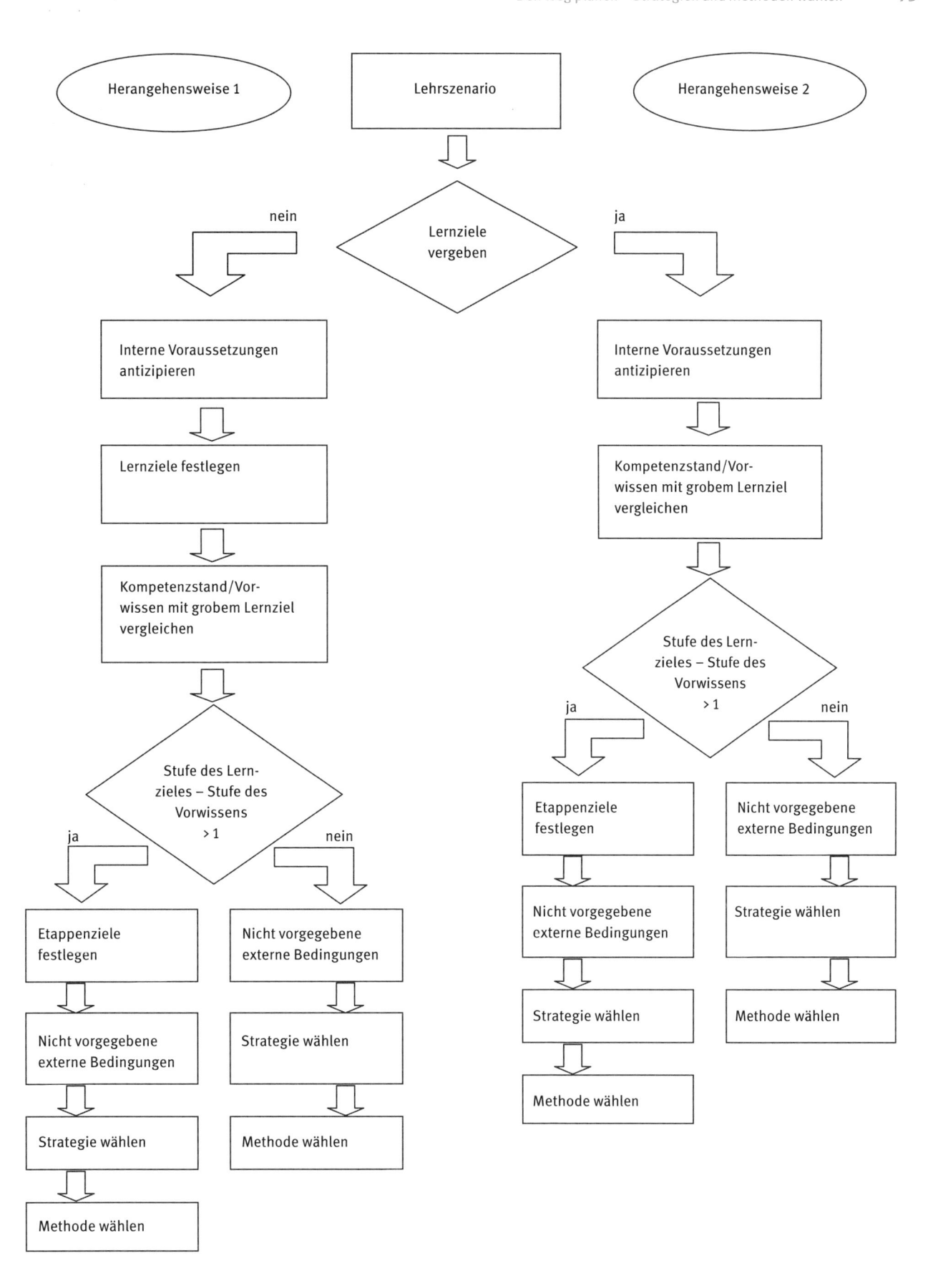

Den Weg planen – Strategien und Methoden wählen — 73

```
                           Lehrszenario
    Herangehensweise 1                              Herangehensweise 2

                    nein    Lernziele     ja
                           vergeben


   Interne Voraussetzungen                    Interne Voraussetzungen
   antizipieren                                antizipieren


   Lernziele festlegen                         Kompetenzstand/Vor-
                                               wissen mit grobem Lernziel
                                               vergleichen

   Kompetenzstand/Vor-
   wissen mit grobem Lernziel
   vergleichen                                     Stufe des Lern-
                                                   zieles – Stufe des
                                                   Vorwissens
                                          ja          > 1          nein
       Stufe des Lern-
       zieles – Stufe des
       Vorwissens
  ja      > 1         nein               Etappenziele         Nicht vorgegebene
                                         festlegen            externe Bedingungen

 Etappenziele      Nicht vorgegebene
 festlegen         externe Bedingungen    Nicht vorgegebene    Strategie wählen
                                          externe Bedingungen

 Nicht vorgegebene  Strategie wählen
 externe Bedingungen                      Strategie wählen    Methode wählen


 Strategie wählen   Methode wählen        Methode wählen


 Methode wählen
```

Abb. 12: Der Weg vom Lehrszenario zur Realisierung

Auf diese Weise ergibt sich dann Schritt für Schritt der Ablauf der Lehrveranstaltung, den man in einem Planungsraster (vgl. Abb. 13) festhalten kann, welches später gleichzeitig als Grundlage für die Durchführung der Lehrveranstaltung – sozusagen als „Spickzettel" – genutzt werden kann, wenn es übersichtlich und verständlich gestaltet ist.

Zeit	Inhalt	Methode	Benötigtes Material

Abb. 13: Planungsraster für Lehrveranstaltungen

Weiterführende Literatur

Macke, G., Hanke, U., & Viehmann, P. (2012). *Hochschuldidaktik: lehren, vortragen, prüfen, beraten* [Mit Methodensammlung „Besser lehren"]. 2., erweiterte Auflage. Basel, Weinheim: Beltz.

9 Lehrszenarien im Lernort Bibliothek

Nachdem nun die lerntheoretischen Grundlagen und auf deren Basis verschiedene Lehrstrategien und zahlreiche Lehrmethoden für das Lehren an der Teaching Library sowie Möglichkeiten des Blended Learning vorgestellt wurden, sollen nun im Folgenden verschiedene typische Szenarien für Lehraktivitäten der Teaching Library dargestellt und Vorschläge für deren Umsetzung gemacht werden.

Die Teaching Library ist keine formelle Bildungseinrichtung wie eine Schule oder eine Hochschule, sondern vielmehr unterstützt sie Bildungseinrichtungen mit ihrem Angebot an Einführungen und Schulungen zur Förderung von Bibliotheks-, Informations- und Medienkompetenz. Dabei hängt es wesentlich von den verfügbaren Personalressourcen ab, in welchen Bereichen der Kompetenzentwicklung die Hochschulbibliotheken sich in den Lehr-Lernprozess der Einrichtung einschalten können.

Verbreitet sind Einführungsangebote für
- Schüler/innen der Sekundarstufe II (Seminarkurs, Seminarfach),
- Studienanfänger/innen,
- Studierende im Grund- und im Hauptstudium – entweder als eigenständige Bibliotheksveranstaltung, eingebunden in Lehrveranstaltungen oder sogar fest im Curriculum verankert,
- Masterstudierende, auch im Rahmen internationaler Studiengänge,
- Doktorand/innen und Wissenschaftler/innen.

Die Veranstaltungsangebote der Bibliothek umfassen vielfach etwa 90 Minuten (eine Doppelstunde), in steigendem Umfang aber auch längere Veranstaltungen bis hin zu Semesterveranstaltungen mit modular aufgebautem Lehrprogramm. Dieser Vielfalt soll auch in diesem Lehrbuch Rechnung getragen werden, indem im Folgenden typische Schulungskonstellationen zugrunde gelegt werden und für diese dann jeweils ein geeignet erscheinendes didaktisches Konzept vorgeschlagen wird.

Als geeignet erweist sich dafür das Modell des Szenarios. Szenarien enthalten Projektionen in die Zukunft und eröffnen alternative Lösungsmöglichkeiten, oder anders ausgedrückt: „[…] are a way of imagining and articualting new, future ways of dealing with difficult issues" (O'Connor & Sidorko, 2010, S. 16). Die Szenariotechnik wird in der Wirtschaft, aber auch in der Psychologie verwendet, um hinsichtlich zukünftiger Entwicklung Orientierungen zu gewinnen und strategische Entscheidungen vorzubereiten. Ähnlich geht es in unserem Lehrbuch darum, typische Konstellationen für Schulungen, wie sie Bibliotheken vermehrt anbieten, wie auf einer Bühne zu inszenieren und dafür zukunftsorientierte Lösungsmöglichkeiten vorzustellen.

Im Folgenden werden zunächst einige Szenarien für kürzere, also zeitlich begrenzte Bibliotheksveranstaltungen zur Vermittlung von Kenntnissen, Fähigkeiten und Fertigkeiten für die Benutzung der betreffenden Bibliothek und für den effizienten wie effektiven Umgang mit den Ressourcen und Diensten behandelt. Es folgen dann Szenarien für längere Veranstaltungen.

9.1 Szenario „Kurzeinführung in die Nutzung von Datenbanken"

Vorgaben	Externe Handlungsvoraussetzungen (externe Bedingungen)
Thema	Möglichkeiten von Datenbanken
Zielgruppe	Ca. 100 Studierende im 3. Semester in einem BA-Studiengang
Zur Verfügung stehende Zeit	30 min
Verfügbarer Raum, verfügbare Medien	Hörsaal mit Beamer, Mikrophon und Overhead-Projektor

Wie geht man beim Planen vor?

a. Interne Handlungsvoraussetzungen (interne Bedingungen) erschließen

Vorkenntnisse/Erfahrungen
Die Teilnehmenden kennen die Funktionsweise von Bibliotheken allgemein und beherrschen die Katalogsuche. Sie sind in der Regel auch in der Lage, Literatur zu beschaffen und verfügen über gute Internetkenntnisse. Von Datenbanken haben sie bereits gehört, aber die wenigsten haben praktische Erfahrungen mit Datenbanken oder wissen, wozu sie nützlich sind.

Motivation
Diese Einführung findet in den letzten 30 min einer 90-minütigen, obligatorischen Vorlesung statt. Die Motivation der Studierenden ist deshalb als nicht sehr hoch einzuschätzen. Sie sitzen bereits seit 60 min im Hörsaal und sind verpflichtet, auch für die Einführung zu bleiben. Allerdings bietet diese Einführung natürlich etwas Abwechslung, weshalb eine grundlegende Neugier vorausgesetzt werden kann. Die Studierenden erkennen zwar die Relevanz der Einführung, sind aber gleichzeitig der Überzeugung, dass sie dieses Wissen erst zum Anfertigen ihrer Abschlussarbeiten brauchen werden, was noch sehr weit weg erscheint.

Interesse
Im Kontext dieses Szenarios ist eher von einer Neugier der Teilnehmenden als von einem spezifischen Interesse auszugehen. Die Teilnehmenden sehen die Einführung als eine willkommene Abwechslung innerhalb der Vorlesung an, ohne genauere Erwartungen zu haben.

b. Lernziele formulieren

Übergeordnetes Ziel
Die Teilnehmenden können das Angebot der Hochschulbibliothek benennen.

Detailziele
– Sie finden sich auf der Website der Hochschulbibliothek zurecht. (anwenden)
– Sie können eine für ihr Fach relevante Datenbank benennen. (wissen)
– Sie können erklären, was Datenbanken auszeichnet. (verstehen)

c. Planungsentwurf erstellen

Zeit	Inhalt	Methode	Medien
5 min	Begrüßung und Karikaturen von zwei Studierenden zeigen: ein Studierender ist kaum zu sehen hinter einem riesengroßen Berg Büchern, ein anderer sitzt am leeren Schreibtisch und rauft sich die Haare	Provokation mit Karikatur im Plenum	Karikaturen per Beamer an der Wand
2 min	Frage stellen: Welche Situation ist Ihnen vertraut? Wodurch kann es zu solchen Situationen kommen?	Lernstopp, Murmelgruppe	
3 min	Überleitung: Möglichkeit, beide Situationen zu vermeiden durch gute Recherchekenntnisse. Dabei hilft die UB	Vortrag	
5 min	Website der UB und das Angebot vorstellen	Vortrag	
5 min	Weg zu relevanter Datenbank aufzeigen und eine exemplarische, einfache Suche zum Vorlesungsthema demonstrieren	Demonstration	
5 min	Ausgehend von Trefferliste erklären, was Datenbanken gegenüber dem Katalog bieten	Vortrag	
5 min	Auf Datenbankschulungen hinweisen und verabschieden	Vortrag	

Begründung des Vorgehens

Die Voraussetzungen dieser Schulung sind denkbar ungünstig. Soweit man Einfluss darauf hat, sollte man also versuchen, die Voraussetzungen zu verändern, indem man den Dozenten/die Dozentin um mehr Zeit bittet, denn unter diesen Voraussetzungen ist es nicht möglich, irgendwo in die Tiefe zu gehen, und die Teilnehmenden können fast ausschließlich über spannend und sinnvoll aufgebaute Vorträge aktiviert und eingebunden werden. Es steht keine Zeit zum eigenständigen Arbeiten für die Teilnehmenden zur Verfügung, weshalb der Lernzuwachs als eher gering einzuschätzen ist. Da diese Situation aber dennoch auftreten kann, muss das Vorgehen aufgrund der Voraussetzungen also vortragsbasiert sein. Empfohlen wird hier ein Vorgehen nach den ersten drei Schritten von MOMBI. Die Wahl des expositorischen Lehrverfahrens wäre ebenso denkbar, jedoch wird der Vorteil von MOMBI darin gesehen, dass die grundlegend vorausgesetzte Neugier der Teilnehmenden durch den Schritt des Provozierens in MOMBI besser bedient und aufrecht erhalten werden kann. Der Einstieg mit einem Advance Organizer im Sinne des expositorischen Lehrverfahrens wäre tendenziell „trockener" und würde die Neugier der Teilnehmenden eher „ersticken" als aufrecht erhalten.

Zum Provozieren werden den Teilnehmenden zwei Karikaturen von zwei Studierenden präsentiert: einer der Studierenden „ertrinkt" in Büchern und ist deshalb ganz verzweifelt, der andere sitzt nicht minder verzweifelt am Schreibtisch und hat kein einziges Buch. Den Studierenden wird mit der Präsentation dieser Karikaturen die Frage gestellt, ob sie eine der beiden Situationen kennen und welche Möglichkeiten es geben könnte, solche Situationen zu vermeiden. Die Teilnehmenden werden gebeten, diese beiden Fragen, die am besten auch auf einer Folie stehen, kurz in Partnerarbeit zu besprechen.

Dies dient erstens dazu, ihre Neugier aufrecht zu halten, denn sie wollen wissen, wie diese Situationen, von denen sie mindestens eine in abgeschwächter Form sicher schon erlebt haben, bewältigen können. Das mentale Ungleichgewicht wird also ausgelöst. Zweitens aktivieren sie ihr Vorwissen zum Thema und schaffen so Anknüpfungspunkte für die neuen Informationen, die sie in den folgenden zwanzig Minuten erhalten.

Ohne auf die Ergebnisse der Partnerarbeit im Plenum einzugehen, leitet der Schulungsleiter/die Schulungsleiterin dann zum Angebot der Hochschulbibliothek über, welches ausgehend von der Website der Bibliothek erklärt wird. Auf dieser Basis wird dann auch der Weg zu einer für diese Teilnehmenden relevanten Datenbank gezeigt und eine einfache Suche zum Vorlesungsthema in dieser Datenbank demonstriert. Anhand der Trefferliste werden die Unterschiede einer Recherche in der Datenbank und dem Katalog aufgezeigt.

Da die gesamte Einführung lediglich als ein Appetithäppchen konzipierbar ist, darf zum Schluss nicht fehlen, die Teilnehmenden auf das Schulungsangebot der Hochschulbibliothek hinzuweisen.

MOMBI ist in diesem Entwurf lediglich bis zum Schritt Informieren realisiert. Ein wirklicher Aufbau neuer Kompetenz oder kognitiver Strukturen ist deshalb nur in geringem Maße zu erwarten, aber in dieser sehr begrenzten Zeit einfach auch nicht möglich. Was diese Einführung im Wesentlichen leisten kann, ist „Appetit auf mehr" zu machen.

Für weitere Hinweise zum Einsatz der Methoden „Murmelgruppe" und „Vortrag" siehe Methodensammlung (Kapitel 6 in diesem Buch) Merkblätter „Murmelgruppe", S. 27 und Merkblatt „Vortrag", S. 31.

Für weitere Informationen zur Lehrstrategie siehe Kapitel 5.3 „MOMBI".

9.2 Szenario „Führung durch eine Hochschulbibliothek"

Vorgaben	Externe Handlungsvoraussetzungen (externe Bedingungen)
Thema	Führung durch eine Hochschulbibliothek
Zielgruppe	Ca. 15 Studierende, zumeist Studienanfänger/innen
Zur Verfügung stehende Zeit	45 min
Verfügbarer Raum, verfügbare Medien	Bibliothek, Rechner mit Zugriff auf den Katalog

a. Interne Handlungsvoraussetzungen (interne Bedingungen) erschließen

Wie geht man beim Planen vor?

Vorkenntnisse/Erfahrungen
Bei den Teilnehmenden handelt es sich vorwiegend um Studienanfänger/innen, die die Hochschulbibliothek nicht kennen. Einige von ihnen dürften eine Hochschulbibliothek bereits als Schüler/innen im Rahmen ihres Seminarkurses kennengelernt haben, jedoch keineswegs genau diese Bibliothek. Vorausgesetzt werden kann, dass die Teilnehmenden jedoch Stadtbibliotheken und die Schulbibliothek kennen.

Motivation
Diese Führung findet im Rahmen der Einführungswoche für Studienanfänger/innen statt, steht jedoch für alle Interessierten offen. Die Teilnahme ist freiwillig, weshalb die Motivation recht hoch sein dürfte.

Interesse
Die Teilnehmenden möchten die Standorte dieser Bibliothek kennenlernen, um die Bibliothek später nutzen zu können.

b. Lernziele formulieren

Übergeordnetes Ziel
Die Teilnehmenden können Medien in der Hochschulbibliothek lokalisieren.

Detailziele
- Sie können Medien im Katalog suchen. (Anwenden)
- Sie können den Aufbau der Signaturen der Hochschulbibliothek erklären. (Verstehen)
- Sie finden den Freihandbereich, den Lesesaal, die Information, den Katalog, die Kopierer/Scanner. (Anwenden)

c. Planungsentwurf erstellen

Zeit	Inhalt	Methode	Medien
	Am Treffpunkt hängt ein Flipchart mit „Herzlich willkommen zur Führung durch die Bibliothek" und zwei weitere Poster mit jeweils einer Frage: 1. Welche Angaben umfasst eine vollständige Literaturangabe? 2. Welche Bereiche in der UB lassen sich unterscheiden? Beim Eintreffen werden die Teilnehmenden begrüßt und gebeten, ihre Antworten auf die zwei Fragen auf die Poster zu schreiben		Flipchartpapier mit „Herzlich willkommen zur Führung durch die Bibliothek" Zwei weitere Poster mit jeweils einer Frage: 1. Welche Medien gibt es in der UB? 2. Welche Bereiche in der UB lassen sich unterscheiden?
5 min	Begrüßung und Ablauf vorstellen		Flipchartpapier mit Ablauf der Führung
10 min	Demonstration von Suchen im Katalog (nach Autor, Titel, Schlagwort und Zeitschrift), dabei Bezug nehmen auf das Poster mit Frage 1 und Signaturen und Standorte erläutern Dabei notiert der Schulungsleiter/die Schulungsleiterin bei jeder Suche gefundene Signaturen mit unterschiedlichen Standorten auf Zettelchen und gibt jedem Teilnehmenden ein Zettelchen	Demonstration	Zugriff auf Katalog und leere Zettelchen und Stift
5 min	Aufgabe wird erläutert		
15 min	Führung durchs Haus, dabei müssen die Teilnehmenden den genauen Standort ihrer Signaturen von den Zettelchen herausfinden.	Führung mit Aufgabe	
5 min	Am Schalter werden die Teilnehmenden darüber informiert, wie sie einen Benutzerausweis beantragen können	Informieren	
5 min	Letzte Fragen und Verabschiedung		

Begründung des Vorgehens

Die besonderen Voraussetzungen dieser Führung sind die recht hohe bzw. sogar starken Schwankungen unterworfene Teilnehmerzahl und die sehr knappe Zeit. Die Herausforderung ist es deshalb, die Teilnehmenden zu aktivieren, ohne ihnen extra Zeit dafür geben zu müssen. Es wird deshalb ein MOMBI ähnliches Lehrverfahren gewählt.

Im ersten Schritt erfolgt eine sehr schwache Provokation, die mehr dazu dient, das Vorwissen der Teilnehmenden zu aktivieren und ihnen die meist etwas unangenehme Wartezeit bis zum Beginn der Führung zu verkürzen. Die eintreffenden Teilnehmenden werden dafür gebeten, die Fragen, welche Bestandteile eine vollständige Literaturangabe umfasst, und welche Bereiche der Bibliothek sich unterscheiden lassen, schriftlich auf einem Poster zu beantworten. Dabei können sie mit den anderen Teilnehmenden ins Gespräch kommen. Dies ist eine schwache Provokation. Eine stärkere erscheint hier nicht nötig, da die Teilnehmenden motiviert sind und sich freiwillig zur Führung eingefunden haben.

Auf die erste Frage nach den Bestandteilen einer Literaturangabe wird dann in der auf die Begrüßung folgenden Demonstration Bezug genommen. In dieser Demonstration, die eine erste Umsetzung des Lehrschritts Informieren im Sinne von MOMBI ist, werden verschiedene Suchen präsentiert, und es wird aufgezeigt, dass nach all den genannten Bestandteilen gesucht werden kann.

Während der Demonstration notiert der Schulungsleiter/die Schulungsleiterin gefundene Signaturen mit unterschiedlichen Standorten auf Zettelchen, die er/sie an die Teilnehmenden verteilt. Dabei erklärt er/sie, dass die Teilnehmenden in der anschließenden Führung diese Medien finden müssen. Außerdem erklärt er/sie die Systematik und den Aufbau der Signaturen. Diese Aufgabe erfüllt auf der einen Seite die Funktion eines Unterstützens im Sinne von MOMBI, da die Teilnehmenden nun die Systematik der Signaturen anwenden müssen. Andererseits dient es auch als eine schwache Provokation für die Führung, damit die Teilnehmenden bei der anschließenden Führung aufmerksam sind.

Die Führung selbst erfüllt die Funktion eines zweiten Informierens und wird von der oben genannten Aufgabe begleitet, die das Integrieren im Sinne von MOMBI bei den Teilnehmenden anregen soll.

Während der Führung sammelt der Schulungsleiter/die Schulungsleiterin die Zettelchen von den Teilnehmenden ein, die gezeigt haben, wo ihr zu suchendes Medium steht.

Auf dem Weg der Führung ist es wichtig, dass eine Station der Schalter ist, an dem die Teilnehmenden später einen Benutzungsausweis beantragen können.

Zum Schluss werden offene Fragen beantwortet und die Teilnehmenden verabschiedet.

Durch diese Umsetzung des Szenarios werden die Teilnehmenden aktiviert, ohne ihnen dafür extra Zeit zur Verfügung zu stellen. Damit dürfte die Zeit optimal genutzt werden.

Für weitere Hinweise zum Einsatz der Methoden „Demonstration" und „Aufgabe" siehe Methodensammlung (Kapitel 6 in diesem Buch) Merkblatt „Aufgabe", S. 44 und Merkblatt „Demonstration", S. 32.

Für weitere Informationen zur Lehrstrategie siehe Kapitel 5.3 „MOMBI".

9.3 Szenario „Führung durch eine Institutsbibliothek"

Vorgaben	Externe Handlungsvoraussetzungen (externe Bedingungen)
Thema	Führung durch eine Institutsbibliothek für Studienanfänger/innen
Zielgruppe	20–25 Studienanfänger/innen
Zur Verfügung stehende Zeit	90 Minuten
Verfügbarer Raum, verfügbare Medien	Kein Raum, Katalog-PCs und Arbeitsplätze in der Bibliothek

Wie geht man beim Planen vor?

a. Interne Handlungsvoraussetzungen (interne Bedingungen) erschließen

Vorkenntnisse/Erfahrungen

Die Studienanfänger/innen haben noch keine Kenntnisse im Hinblick auf die Bibliotheksstruktur in der Hochschule. Sie haben eventuell an einer Einführung in der Zentralbibliothek teilgenommen und haben dort grundlegende Fertigkeiten bei der Literaturrecherche im Bibliothekskatalog und beim Auffinden gewünschter Bücher erlangt. Jedoch wissen die meisten nicht, dass es daneben noch dezentrale Bibliotheken in den Fakultäten, Seminaren und Instituten gibt, die über Präsenzbestände verfügen.

Außerdem haben die meisten Studierenden Kenntnisse über andere Bibliotheken, z. B. die Stadtbibliothek oder die Schulbibliothek.

Motivation

Die Teilnahme an der Führung ist verpflichtend und findet im Rahmen der obligatorischen Einführungswoche für Studienanfänger/innen statt. Mit Blick auf das beginnende Studium ist die Motivation dennoch gut ausgeprägt, weil man sich Vorteile für den eigenen Studienerfolg von einer Vertrautheit mit der Institutsbibliothek verspricht.

Interesse

Die Studienanfänger/innen wünschen eine Orientierung über das Literaturangebot der Institutsbibliothek, sie möchten Recherchemöglichkeiten und Standorte sowie die Nutzungsbedingungen (Wochenendausleihe u. a. m.) kennen lernen.

b. Lernziele formulieren

Übergeordnetes Ziel
Die Teilnehmenden können die Institutsbibliothek sachgerecht und angemessen benutzen.

Detailziele
- Sie können die Funktionalität der Institutsbibliothek erklären: Präsenzbestand, Aufstellungssystematik, Wochenendausleihe, Arbeitsplätze. (Verstehen)
- Sie können den Zusammenhang zwischen der Zentralbibliothek und der Institutsbibliothek erklären. (Verstehen)
- Sie können Medien der Institutsbibliothek in der Bibliothek lokalisieren. (Anwenden)
- Sie können Treffer im Online-Katalog mit dem Standort Institutsbibliothek als solche identifizieren. (Anwenden)

c. Planungsentwurf erstellen

Zeit	Inhalt	Methode	Medien
	Treffen vor der Bibliothek, dafür ein Flipchartpapier mit „Herzlich willkommen zur Führung durch die Institutsbibliothek" an der Tür oder einer Wand am Treffpunkt platzieren		Flipchartpapier mit „Herzlich willkommen zur Führung durch die Institutsbibliothek"
10 min	Begrüßung Kurze Information über Ablauf (Ablaufplan an Tür oder Wand auf Flipchartpapier)	Begrüßung	Ablaufplan auf Flipchart
10 min	Arbeitsaufgabe und „Spielregeln" der Bibliothek (Ruhe) erläutern und anschließend Arbeitsblätter austeilen (ein Arbeitsblatt für 2–3 Personen)	Erläuterung im Plenum	Verschiedene, aber analoge Arbeitsblätter für jeweils Zweier- oder Dreiergruppen
35 min	Bearbeiten der Arbeitsblätter mit Notieren der Ergebnisse	Gruppenarbeit	
5 min	Treffen am vereinbarten Treffpunkt in der Bibliothek, wo die Lösungsblätter ausgeteilt werden		Vase mit Blumen am Treffpunkt, Lösungsblätter
10 min	Bearbeiten der Lösungsblätter	Gruppenarbeit	Lösungsblätter
20 min	Treffen am vereinbarten Treffpunkt in der Bibliothek zur Fragerunde und einer abschließenden Zusammenfassung	Fragerunde, Zusammenfassung, Verabschiedung	

Begründung des Vorgehens

Diese Führung durch die Institutsbibliothek orientiert sich am entdecken-lassenden Lehrverfahren und dem in der Bibliotheksdidaktik bekannten Prinzip „Neugier und Zweifel" (Rockenbach). Dieses Lehrverfahren wurde gewählt, weil erstens die Lernziele nicht so komplex sind, dass sie nicht auch selbst entdeckt werden könnten, und weil zweitens kein Raum für z. B. einen Vortrag oder eine Demonstration zur Verfügung steht. Auch eine Führung mit der ganzen Gruppe (20–25 Personen) ist auf der

Grundlage der externen Voraussetzungen auszuschließen: dies würde die Ruhe in der Bibliothek für die anderen Benutzer massiv einschränken. Außerdem kann bei dieser Gruppengröße bei einer Führung auch nicht sichergestellt werden, dass alle Teilnehmenden die/den Leiter/in der Führung akustisch überhaupt verstehen würden. Dazu kommt, dass eine einfache Führung die Teilnehmenden nicht genügend zum aktiven Mitdenken anregen würde, obwohl dies die Voraussetzung für Lernen ist.

Der Treffpunkt für die Führung ist VOR der Bibliothek, um nach einer kurzen Begrüßung und dem Vorstellen des Ablaufs, die Dringlichkeit, sich in der Bibliothek ruhig zu verhalten, zu verdeutlichen. Damit der Treffpunkt deutlich wird, wird empfohlen, ein Flipchartpapier mit „Herzlich willkommen zur Führung" o. ä. am Treffpunkt zu platzieren.

Nachdem der Ablauf vorgestellt wurde, wird die Arbeitsaufgabe zunächst mündlich erklärt. Erst wenn alle Teilnehmenden signalisieren, dass sie wissen, was sie zu tun haben, werden ihnen die Arbeitsblätter (Beispiel siehe Abb. 14 im Materialteil des Szenarios) ausgehändigt. Erfolgt die mündliche Erklärung während des Austeilens der Arbeitsblätter oder zu einem Zeitpunkt, wenn die Teilnehmenden die Arbeitsblätter bereits haben, so ist üblicherweise die Unruhe so groß, dass die Arbeitsaufgabe nicht mehr systematisch vorgestellt werden kann.

Die Teilnehmenden bearbeiten dann in Paaren oder besser in Dreier-Gruppen das Arbeitsblatt mit dem Ziel, die Aufgaben zu erledigen und die Fragen zu beantworten. Diese Aufgaben und Fragen sollen sie dazu veranlassen, die Charakteristika der Institutsbibliothek im Vergleich zu anderen Bibliotheken wie der Universitätsbibliothek oder der Stadtbibliothek zu sammeln. Durch das Lösen der Aufgaben und das Beantworten der Fragen sollen die Teilnehmenden „nebenbei" die Charakteristika der Institutsbibliothek entdecken. Um noch ein spielerisches Element zu integrieren, kann das Sammeln von Charakteristika als ein kleiner Wettbewerb gestaltet werden: Wer am meisten Charakteristika sammeln konnte, gewinnt. Dies dürfte den Spaß der Teilnehmenden und ihr Engagement, die Aufgaben zu erledigen, erhöhen.

Um „Staus" und Ansammlungen mehrerer Gruppen an gleichen Stellen in der Bibliothek (gleiche Bücher, gleiche Katalog-Arbeitsplätze) zu verhindern, sollten unterschiedliche, aber strukturell gleiche Arbeitsblätter vorliegen. Hier kann es auch schon helfen, die Reihenfolge der Aufgaben zu variieren.

Das Arbeitsblatt sollte dabei zunächst Aufgaben umfassen, die dazu dienen, dass die Teilnehmenden die Besonderheiten der Bibliothek erarbeiten (vgl. Abb. 14). In einem zweiten Teil sollten dann Aufgaben gestellt werden, die die Teilnehmenden dazu veranlassen, die Besonderheiten anzuwenden, d. h. mit diesen umzugehen und sie dadurch in ihrem Wissen zu festigen (vgl. Übungsteil des Arbeitsblatts).

Nachdem die Teilnehmenden die Aufgaben bearbeitet haben, erhalten sie auf dem Arbeitsblatt die Bitte, sich an einem bestimmten Treffpunkt in der Bibliothek einzufinden. Dort erhalten Sie ein Lösungsblatt und eine Liste der Charakteristika mit der Aufgabe, ihre Lösungen mit diesen Lösungen zu vergleichen, die gefundenen Charakteristika zu zählen und noch unklare Sachverhalte zu notieren.

Am Treffpunkt vor der Bibliothek erfolgt dann zunächst die „Siegerehrung" in der Form, dass ein Bonbon oder ähnliches für jeden verteilt wird. Da es nicht wirklich möglich ist, die Charakteristika in ihrer eindeutigen Zahl zu erfassen, sollten alle eine Belohnung erhalten. Dann werden noch Fragen geklärt und die wesentlichen Charakteristika der Institutsbibliothek mündlich zusammengefasst, um somit eine weitere Festigung des Gelernten zu gewährleisten. Anschließend werden die Teilnehmenden verabschiedet.

Für weitere Informationen zur Lehrstrategie siehe Kapitel 5.4 „Entdecken-lassendes Lehren".

d. Materialien erstellen

Beispiel für ein Arbeitsblatt (mit Erläuterungen für die Lehrenden in Farbe)
In den folgenden 30 min können Sie die Institutsbibliothek auf eigene Faust erkunden. Ihr Ziel sollte es dabei sein, innerhalb dieser Zeit, möglichst viele der Charakteristika einer Institutsbibliothek im Vergleich zu einer Stadtbibliothek oder der Universitätsbibliothek herauszufinden. Die Gruppe, die am Ende die meisten Charakteristika gefunden hat, darf sich auf eine Überraschung freuen.

Um Ihnen den Weg zum Ziel etwas zu erleichtern, haben wir hier Leitfragen formuliert. Die Antworten auf diese Fragen geben Ihnen dabei Hinweise auf die zu sammelnden Charakteristika der Bibliothek.

Teil 1: Erarbeitungsteil
Bitte suchen Sie die folgenden zwei Bücher im Online-Katalog und notieren Sie die Standnummer: XXX (es müssen Bücher sein, die nur in der Institutsbibliothek verfügbar sind)
→ Hier lernen die Studierenden den Aufbau der Signaturen kennen: Charakteristikum: Es gibt Bücher, die nur in der Institutsbibliothek verfügbar sind.
Suchen Sie diese beiden Bücher im Regal. Schauen Sie sich die Bücher an, die neben diesen Büchern stehen. Was fällt Ihnen zu diesen Büchern auf?
→ Hier lernen die Studierenden die Räumlichkeiten kennen und Medien zu finden. Charakteristikum: Die Medien stehen inhaltlich sortiert.
Leihen Sie dann diese Bücher aus, um sie mit nach Hause zu nehmen.
→ Hier lernen die Studierenden die Aufsicht kennen und erfahren, dass Medien nicht ausgeliehen werden können (außer Wochenende oder kurzfristig zum Kopieren). Charakteristikum: Präsenzbibliothek.

Teil 2: Übungsteil
Suchen Sie nun die folgenden zwei Titel im Online-Katalog und notieren Sie die Standnummern: XXX (hier sollten es zwei Bücher sein, die in der Institutsbibliothek, aber auch in mindestens einer anderen Bibliothek verfügbar sind) Wo können Sie diese Bücher ausleihen?
→ Hier üben die Studierenden, die Bibliothek zu identifizieren, in der ein Buch verfügbar ist, und müssen sich daran erinnern, dass sie in der Institutsbibliothek nichts ausleihen können.
Holen Sie die Bücher aus den Regalen und suchen Sie jeweils ein weiteres Buch, das ein ähnliches Thema behandelt. Schreiben Sie die Titel und Standnummern dieser ähnlichen Bücher auf. Räumen Sie die Bücher dann wieder auf.
→ Hier üben die Studierenden, Medien in der Bibliothek zu finden und wiederholen, dass ähnliche Titel an ähnlichen Stellen stehen.
Gehen Sie nun zum Arbeitsplatz, an dem heute ausnahmsweise eine Vase mit Blumen steht.
→ Hier lernen die Studierenden die Bibliothek und vor allem die Arbeitsplätze genauer kennen, weil sie den Arbeitsplatz mit der Blumenvase suchen müssen. Hier erhalten sie das Lösungsblatt mit der Aufgabe, ihre Lösungen zu vergleichen. Außerdem erhalten sie eine Liste der Charakteristika der Institutsbibliothek mit der Aufgabe, zu überprüfen, wie viele dieser Charakteristika sie gefunden haben. Als letztes enthält das Lösungsblatt die Aufforderung zum Treffpunkt vor der Bibliothek zu kommen.

Abb. 14: Beispiel für ein Arbeitsblatt

9.4 Szenario: „Informationskompetenz für Fortgeschrittene"

Vorgaben	Externe Handlungsvoraussetzungen (externe Bedingungen)
Thema	Recherchieren und dokumentieren für die Abschlussarbeit
Zielgruppe	Ca. 20 Studierende im Hauptstudium/Masterstudium
Zur Verfügung stehende Zeit	90 min
Verfügbarer Raum, verfügbare Medien	Raum mit 20 Rechnerarbeitsplätzen

Wie geht man beim Planen vor?

a. Interne Handlungsvoraussetzungen (interne Bedingungen) erschließen

Vorkenntnisse/Erfahrungen

Die Teilnehmenden kennen die Bibliothek, beherrschen das Suchen im Katalog und kennen die Grundlagen der Literaturbeschaffung. Außerdem wird davon ausgegangen, dass sie grundlegende Kenntnisse der Literaturrecherche in Fachdatenbanken haben. Sicher ist, dass sie über gute Kenntnisse im Umgang mit dem Internet verfügen.

Motivation

Im Hinblick darauf, dass sie bald ihre Abschlussarbeit schreiben müssen, ist die Motivation der Teilnehmenden als hoch einzuschätzen. Sie werden nämlich erwarten, dass eine verbesserte Informationskompetenz zu fundierten Rechercheergebnissen in den relevanten Informationsressourcen und damit auch zu einem erfolgreichen Examen beitragen dürfte.

Interesse

Sie möchten wichtige Fachdatenbanken und Fachportale kennen lernen und erweiterte Recherchemöglichkeiten praktisch ausprobieren. Außerdem wollen sie erfahren, wie sie auf ermittelte Literatur (Bücher, Sammelwerke mit Beiträgen, Zeitschriftenaufsätze) zugreifen können. Außerdem wünschen sie Informationen darüber, wie sie Literatur effizient verwalten können.

b. Lernziele formulieren

Übergeordnetes Ziel
Die Teilnehmenden können für sie relevante Literatur umfassend recherchieren und auffinden.

Detailziele
- Sie können verschiedene Suchstrategien im Katalog und in Datenbanken anwenden. (Anwenden)
- Sie können sich die für sie relevante Literatur per Ausleihe, im Lesesaal, anderen Bibliotheken, Fernleihe oder Dokumentenlieferdienste beschaffen. (Anwenden)
- Sie können die Funktionen von Literaturverwaltungsprogrammen erklären. (Verstehen)

c. Planungsentwurf erstellen

Zeit	Inhalt	Methode	Medien
5 min	Begrüßung		
5 min	Suchauftrag und eigene Strategie notieren	Einzelarbeit	Arbeitsblatt
15 min	Überblick über Angebot der Bibliothek	Vortrag	Poster mit Struktur
30 min	Angebot der Bibliothek	Lernstationen in Partnerarbeit	Materialien für die Lernstationen
5 min	Fragen klären	Gespräch	
20 min	Eigene Recherche	Partnerarbeit	
5 min	Fragen klären	Gespräch	
5 min	Verabschiedung		

Begründung des Vorgehens

Diese Schulung richtet sich an Studierende höherer Fachsemester, die aktuell oder demnächst ihre Abschlussarbeiten anfertigen. Sie kennen bereits Suchstrategien im Katalog und können Literatur beschaffen. Sie möchten in dieser Schulung jedoch weitere Tipps und Tricks erhalten, um ihre Suchen systematischer und effektiver zu gestalten und um mit der Literaturmenge optimal umzugehen.

Da die Teilnehmenden freiwillig und aufgrund des eigens festgestellten Bedarfs an der Schulung teilnehmen, ist es nicht nötig, ihnen zu Beginn die Relevanz der Schulung aufzuzeigen. Ebenso muss kein Problem aufgezeigt werden, da die Teilnehmenden mit ihren eigenen „Problemen" kommen. Es bietet sich hier daher an, dass die Teilnehmenden gezielt ihr individuelles Wissen vertiefen und erweitern. Um dies optimal leisten zu können, müssen sie direkt von ihrem eigenen Vorwissen ausgehend individuell unterstützt werden. Im Idealfall würde dies durch individuelle Beratungen realisiert. Angesichts einer Gruppengröße von etwa 20 Teilnehmenden wird eine MOMBI-ähnliche Strategie gewählt, die durch Lernstationen als wesentlichem Element umgesetzt wird.

Die Schritte des Provozierens und Aktivierens erfolgen in dieser Schulung in gewisser Weise zweimal: Zunächst werden die Teilnehmenden gebeten, eine Suche zu einem Thema ihrer Arbeit durchzuführen. Dabei sollen sie genau so vorgehen, wie sie bisher immer vorgingen, und ihre Suchstrategie dabei notieren. Dieser Schritt soll ihr Vorwissen aktivieren und später als Grundlage für ihre individuelle Entscheidung dienen, an welchen Stellen sie ihre Suchstrategie optimieren können. Anschließend werden den Teilnehmenden ausgehend von der Website der UB die Möglichkeiten der Recherche, sowie Such- und Literaturbeschaffungsstrategien überblicksartig vorgestellt. Dazu dient eine strukturelle Darstellung (vgl. Abb. 15), welche die Zusammenhänge aufzeigt, und gleichzeitig die Funktion eines Advance Organizers erfüllt.

Dieser Advance Organizer soll dazu dienen, dass die Teilnehmenden ihre bestehenden Wissensstrukturen im Kontext der Literaturrecherche festigen oder restrukturieren. Außerdem soll er ihnen ihre individuellen Lücken in ihrem Wissen aufzeigen, die sie in dieser Schulung „stopfen" können. Der Advance Organizer ist damit sozusagen eine „nachgeschobene" Provokation im Sinne von MOMBI und gleichzeitig ein erster Aspekt des Schrittes Informieren.

Anhand der gerade vorgestellten strukturellen Darstellung auf dem Poster (Advance Organizer, vgl. Abb. 15 im Materialteil dieses Szenarios) wird den Teilnehmenden nun aufgezeigt, an welcher Lernstation sie vertiefende Informationen zu den einzelnen Aspekten erhalten können. Sie werden dann gebeten, sich zu zweit zusammenzufinden, sich auf die Stationen zu einigen, die sie bearbeiten möchten, und dann die Stationen zu bearbeiten. Der MOMBI-Schritt des Informierens wird also durch die Methode Lernstationen umgesetzt. Durch den Einsatz dieser Methode können die Teilnehmenden individuell an ihrem Wissen arbeiten und ihre individuellen Lücken stopfen: Sie können nämlich erstens genau so lange an den Stationen verweilen, wie das für ihr eigenes Lernen optimal ist, und zweitens genau die Stationen wählen, die für sie relevant sind. Sie arbeiten also passgenau an der Erweiterung ihrer individuellen kognitiven Strukturen.

Die Lernstationen müssen dafür erstens Informationen über die Aspekte (Suchstrategien, Datenbanken, Beschaffungsstrategien, Literaturverwaltungsprogramme usw.) liefern, und zweitens müssen an den Stationen Aufgaben gestellt werden, durch die die Teilnehmenden mit diesen Informationen arbeiten müssen. Dabei sollen die Aufgaben so gestaltet sein, dass sie die Teilnehmenden dazu anregen, das Material intensiv zu sichten und anschließend ihr neues Wissen anzuwenden.

Außerdem sollen die Teilnehmenden während der Arbeit an allen Lernstationen die übergeordnete Aufgabe erfüllen, sich Notizen zu den neukennengelernten Aspekten zu machen. Dazu kann ein Arbeitsblatt dienen, wie wir es im Materialteil dieses Szenarios vorschlagen (vgl. Abb. 16). Indem sich die Teilnehmenden Notizen machen, vertiefen sie ihr Wissen. Außerdem können sie die Notizen später als Erinnerungsstütze nutzen.

Nach der Arbeit an den Lernstationen haben die Teilnehmenden dann die Möglichkeit, Unklarheiten im Plenum zu klären, bevor sie anschließend zu zweit Recherchen zu ihren eigenen Themen durchführen, die gefundenen und für relevant erachteten Treffer in ein Literaturverwaltungsprogramm exportieren und sich überlegen und notieren, wie sie an die Volltexte der Treffer kommen. Auch diese Aufgabe wird in Partnerarbeit ausgeführt. Dies hat den Vorteil, dass erstens zwei Suchen durchgeführt werden müssen, und dass sich die Partner zweitens gegenseitig unterstützen können, wenn es darum geht, das, was sie neu kennen gelernt haben, anzuwenden. Diese Aufgabe, die den MOMBI-Schritt des Integrierens erfüllt, hat für die Teilnehmenden hohe Relevanz, da sie direkt dort anknüpft, wo die Teilnehmenden Bedarf haben. Sie führen eine Aufgabe aus, die sie sowieso früher oder später durchführen müssten, wenn sie ihre Abschlussarbeit erstellen.

Im Anschluss an diese Aufgabe soll erneut die Möglichkeit bestehen, Unklarheiten zu klären. Dann werden die Teilnehmenden verabschiedet. In diesem Sinne haben die Teilnehmenden in dieser Schulung die Möglichkeit, an der Erweiterung und Vertiefung ihres individuellen Wissens zu arbeiten, und schon eine Aufgabe zu bearbeiten, die sie ansonsten außerhalb der Schulung zu erfüllen hätten.

Für weitere Hinweise zum Einsatz der Methoden „Vortrag" und „Lernstationen" siehe Methodensammlung (Kapitel 6 in diesem Buch) Merkblatt „Vortrag", S. 31 und Merkblatt „Lernstationen", S. 37.

Für weitere Informationen zur Lehrstrategie siehe Kapitel 5.3 „MOMBI".

d. Materialien erstellen

Beispiel für eine solche Struktur

Informationsbeschaffung

```
        Bücher                                    Zeitschriften

   gedruckt    E-Book                         gedruckt    E-Journal

            Artikel                                      ...

   Lokaler Bestand   Literaturnachweis   Fernleihe
                                         Subito
                                         Freie Online-
        Kopie        Ausdruck            Ressource, z. B.
                                         Google Books
```

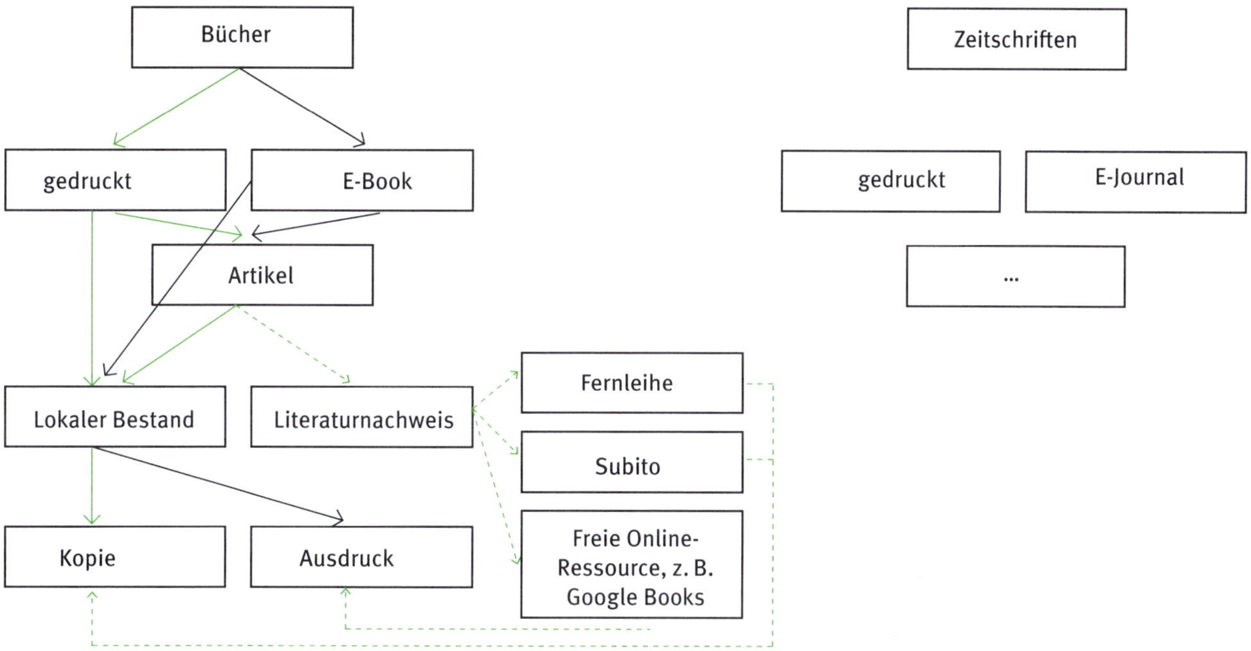

Abb. 15: Beispiel-Poster zum Thema Informationsbeschaffung

Dokumentation der Vorgehensweise

Suche/Ziel	Schritte	Notizen
Erweiterte Suche Katalog		
Schlagwortregister Katalog		
Boole'sche Operatoren		
Fachdatenbank		
Schlagwortregister Fachdatenbank		
Export in Verwaltungsprogramm		
Export via E-Mail		
Verfügbarkeit des Dokuments		
…		
…		

Abb. 16: Beispiel-Arbeitsblatt

9.5 Szenario „Informationskompetenz für Wissenschaftler/innen"

Vorgaben	Externe Handlungsvoraussetzungen (externe Bedingungen)
Thema	Recherchieren und dokumentieren für das Forschungsvorhaben
Zielgruppe	Kleinere Gruppe von Wissenschaftler/innen (5–10 Personen)
Zur Verfügung stehende Zeit	90 min
Verfügbarer Raum, verfügbare Medien	Raum mit ausreichend Rechnerarbeitsplätzen

a. Interne Handlungsvoraussetzungen (interne Bedingungen) erschließen

Wie geht man beim Planen vor?

Vorkenntnisse/Erfahrungen
Die Teilnehmenden kennen die Bibliothek und beherrschen die Katalogsuche. Sie kennen auch die Möglichkeiten der Literaturbeschaffung. Außerdem sind sie mit den Grundlagen der Literaturrecherche in Fachdatenbanken und spezielleren Fachressourcen vertraut und verfügen über gute Internetkenntnisse, die jedoch nicht überschätzt werden sollten, da sie sich häufig auf Google konzentrieren.

Motivation
Die Motivation der Teilnehmenden ist als hoch einzuschätzen, weil sie erwarten, durch eine erweiterte Ressourcenkenntnis und eine vertiefte Informationskompetenz zu fundierten Rechercheergebnissen in den relevanten Informationsressourcen und damit auch zu erfolgreicher Forschungstätigkeit beizutragen.

Interesse
Ihr Interesse besteht deshalb darin, wichtige Fachdatenbanken und Fachportale kennenzulernen, bibliometrische Kenntnisse zu erwerben, vor allem anhand des Journal of Citation Reports (JCR).
Sie möchten Zugriffsmöglichkeiten und technische Vorbedingungen für den Zugriff kennenlernen, z. B. das Authentifizierungsverfahren Shibboleth.
Sie möchten außerdem mehr über Möglichkeiten erfahren, wie sie die Volltexte der ermittelten Literatur (Bücher, Sammelwerke mit Beiträgen, Zeitschriftenaufsätze) und sonstiger Ressourcen erhalten können.
Desweiteren möchten sie ihre persönliche Strategie der Verarbeitung von Informationen und ihr persönliches Wissensmanagement optimieren und neue Möglichkeiten des Publizierens kennenlernen.

b. Lernziele formulieren

Übergeordnetes Ziel
Die Teilnehmenden können die Angebote der Universitätsbibliothek für ihre Zwecke angemessen nutzen.

Detailziele
- Sie können die Möglichkeiten der Informationsbeschaffung und die Regelungen und Möglichkeiten fürs Publizieren erklären
- Sie können auftretende Probleme bei der Informationsbeschaffung und beim Publizieren eigenständig lösen

c. Planungsentwurf erstellen

Zeit	Inhalt	Methode	Medien
Beim Ankommen	Teilnehmende bitten, auf Moderationskarten zu schreiben, mit welchen Anliegen sie sich zur Schulung angemeldet haben		Leere Moderationskarten
5 min	Begrüßung		
10 min	Vorstellungsrunde: Jeder stellt sich kurz vor, nennt sein Anliegen, Kursleiter/in pinnt „Anliegen-Karten" an die Pinnwand		Pinnwand, Pins
15 min	Möglichkeiten der Informationsbeschaffung	Postersession	Poster mit den Möglichkeiten und deren Struktur
5 min	Welche „Anliegen-Karten" können mit diesen Informationen bearbeitet werden? „Anliegen-Karten" an die entsprechende Stelle auf dem Poster hängen	Lernstopp: Gespräch im Plenum	
15 min	Möglichkeiten des Publizierens	Postersession	Poster mit den Möglichkeiten und deren Struktur
5 min	Welche „Anliegen-Karten" können mit diesen Informationen bearbeitet werden? „Anliegen-Karten" an die entsprechende Stelle im Poster hängen	Lernstopp: Gespräch im Plenum	
20 min	Eigene Anliegen bearbeiten	Partnerarbeit	PCs
15 min	Zeit für weitere Fragen	Gespräch im Plenum	
5 min	Abschluss und Verabschiedung		

Begründung des Vorgehens

Für diese Schulung wurde ein problembasiertes Vorgehen mit starken expositorischen Anteilen gewählt. Damit kann den Erwartungen und Interessen sowie dem Kenntnisstand der Teilnehmenden am besten gerecht und die Ziele am besten erreicht werden.

Besonderheit dieser Schulung sind die Teilnehmenden. Sie sind erwachsene und erfahrene Wissenschaftler/innen, die sich mit großer Wahrscheinlichkeit zur Schulung angemeldet haben, weil sie nach der Lösung für ein ganz spezifisches Anliegen suchen oder einen Überblick über die Möglichkeiten erhalten möchten. Gleichzeitig haben sie bereits ein gutes Basiswissen, das jedoch auch zahlreiche Misskonzepte und Lücken aufweist, worüber sich die Teilnehmenden jedoch möglicherweise gar nicht bewusst sind. Sie haben „ihre" Strategien, ohne diese möglicherweise jemals systematisch erlernt zu haben, und daher ohne sich darüber bewusst zu sein, dass es viel einfachere und effektivere Strategien geben könnte.

Die Teilnehmenden erwarten deshalb, in dieser Schulung Lösungsmöglichkeiten für ihr spezifisches Problem und sonstige nützliche Hinweise zu erhalten. Sie wollen aber keinesfalls „belehrt" werden.

In dieser Schulung muss es deshalb darum gehen, Hilfe zur Selbsthilfe zu geben, d. h. die Teilnehmenden so zu informieren, dass sie sich nicht „belehrt" fühlen, aber trotzdem Lösungen für ihre Anliegen erhalten und gleichzeitig auch erkennen, wo sie ihre eigenen Strategien optimieren können. Aus diesem Grund muss direkt an den individuellen Anliegen gearbeitet werden. Außerdem sollten weitere Informationen „en passant" dargeboten werden, die den Teilnehmenden effiziente Strategien aufzeigen, ohne sie zu belehren.

Den Ausgangspunkt für die Schulung bilden also die Anliegen der Teilnehmenden. Um diese zu erfassen, werden die Teilnehmenden bereits beim Eintreffen im Schulungsraum begrüßt und gebeten, ihr(e) Anliegen einzeln auf Moderationskarten zu schreiben. Nach der Begrüßung im Plenum sollen sie sich dann mit ihrem/ihren Anliegen im Plenum kurz vorstellen. Diese Vorstellungsrunde dient also erstens dazu, die Anliegen kennenzulernen, und zweitens eine angenehme Atmosphäre unter den Teilnehmenden aufzubauen. Eine Vorstellungsrunde im Plenum kommt dabei auch der Persönlichkeit der meisten Wissenschaftler/innen entgegen, die sich in der Regel nicht ungern selbst darstellen. Während sich die einzelnen Teilnehmenden vorstellen, pinnt der Schulungsleiter/die Schulungsleiterin die Karten mit den Anliegen möglichst schon etwas sortiert/geclustert an die Pinnwand.

Damit sind die individuellen Anliegen bekannt und die Erwartungen klar. Dies ermöglicht es dem Schulungsleiter/der Schulungsleiterin ggf. auch gleich hier zu Beginn der Schulung darauf einzugehen, wenn eines der Anliegen in dieser Schulung aus einem bestimmten Grund nicht bearbeitet werden kann. Dies sollte aber ausschließlich aus WIRKLICH gutem Grund erfolgen und mit einer ausführlichen Begründung, warum es nicht bearbeitet werden kann, und einem Hinweis ergänzt werden, in welchem Kontext dieses Anliegen bearbeitet werden kann. Vielmehr sollte der Schulungsleiter/die Schulungsleiterin in der Durchführung der Schulung jederzeit so flexibel sein, dass auch „unerwartete" Anliegen zumindest „angeschnitten" werden können.

Nach der Vorstellungsrunde ist damit klar, worauf die Schulung zielt. Der Schulungsleiter/Die Schulungsleiterin stellt nun kurz den Ablauf der Schulung am besten mit Hilfe eines schriftlichen Ablaufplans auf Flipchartpapier vor, wobei es sich hier anbietet, Bezug zu den Anliegen zu nehmen. Dann folgt ein kurzer Vortrag über die Möglichkeiten der Informationsbeschaffung, der neben den vermeintlich bekannten Möglichkeiten vor allem auch auf die vermeintlich unbekannten eingeht und kurz vorstellt. Dabei soll ein Poster mit einer strukturellen Darstellung dieser Möglichkeiten die Basis für die Präsentation bilden (vgl. Abb. 15 im Materialteil des Szenario 9.4). Diese Struktur soll es den Teilnehmenden ermöglichen ihr bisheriges Wissen einzuordnen, zu erweitern und neu zu strukturieren. Die visuelle Struktur auf dem Poster erfüllt damit die Funktion eines Advance Organizers. Die Präsentation der Struktur sollte dabei progressiv differenzierend im Sinne von Ausubel erfolgen, d. h. es soll vom Bekannten zum Unbekannten und von übergeordneten Konzepten zu untergeordneten vorangegangen werden.

Um mit dieser Struktur ein erstes Mal zu arbeiten, sollen dann in einem kurzen Gespräch im Plenum die Anliegen der Teilnehmenden den Aspekten/Konzepten/Instrumenten in der Struktur zugeordnet werden, die eine Lösung für das jeweilige Anliegen versprechen. Die anfangs erstellten „Anliegen-Karten" werden dabei an diese Stellen auf dem Poster gehängt.

Es folgt dann ein weiterer Poster-basierter Vortrag (vgl. Abb. 17 im Materialteil dieses Szenarios) über die Möglichkeiten des Publizierens, an den sich ebenfalls ein Gespräch im Plenum anschließt, bei dem die Karten mit den Anliegen, die sich auf das Publizieren beziehen, umgehängt werden.

Davon ausgehend werden die Teilnehmenden dann gebeten, sich in Paaren zusammenzufinden und ihre individuellen Anliegen gemeinsam zu bearbeiten. Es kommt nun also zur Problemlösung, welche im Ausubelschen Sinne in einer Übungsphase erfolgt. Die Teilnehmenden erarbeiten nun Lösungen für ihre Anliegen, wodurch ihre Erwartungen erfüllt werden. Gleichzeitig arbeiten sie durch die Partnerarbeit am Anliegen eines anderen Teilnehmenden und lernen dabei „en passant" auch noch anderes kennen, bzw. können ihre eigenen Strategien optimieren. Während dieser Übungsphase steht der Schulungsleiter/die Schulungsleiterin jederzeit für Fragen zu Verfügung und signalisiert dies auch, ohne jedoch „belehrend" ins Geschehen einzugreifen. Die Teilnehmenden werden fragen, wenn Fragen auftreten. Treten keine auf, so wollen sie auch nicht belehrt werden.

Anschließend sollte noch Zeit für Fragen und ggf. das gemeinsame Bearbeiten weiterer Anliegen zur Verfügung stehen, bevor die Teilnehmenden dann verabschiedet werden.

Auf diese Weise kann durch die Schulung also direkt an den Anliegen der Teilnehmenden gearbeitet, Lösungen für sie erarbeitet und nebenbei Ansatzpunkte aufgezeigt werden, welche den Teilnehmenden die Möglichkeit bieten, ihr bestehendes Wissen zu erweitern. Durch die Darbietung der Strukturen und der anschließenden Vertiefung in der Übungsphase wird dies optimal unterstützt, da man davon ausgeht, dass auch Wissen in Strukturen organisiert ist, die aufgebaut und durch Vertiefung und Übung gefestigt werden.

d. Materialien erstellen

Beispiel für eine solche Struktur

Informationsbeschaffung

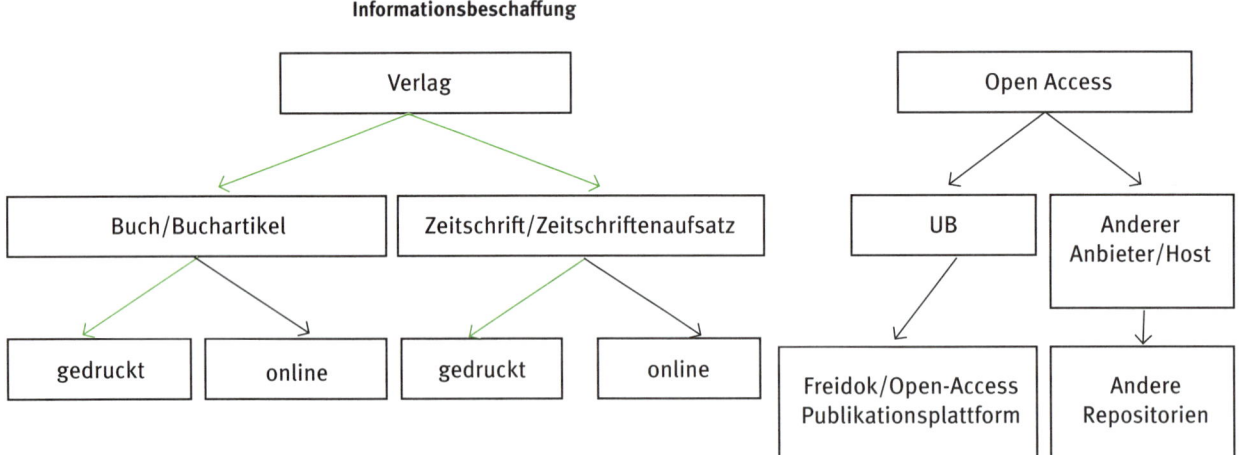

Abb. 17: Beispiel-Poster zum Thema Informationspublizierung

Für weitere Hinweise zum Einsatz der Methoden „Postersession" und „Lernstopp" siehe Methodensammlung (Kapitel 6 in diesem Buch) Merkblatt „Postersession", S. 40 und Merkblatt „Lernstopp", S. 33. Für weitere Informationen zur Lehrstrategie siehe Kapitel 5.1 „Expositorisches Lehren".

9.6 Szenario „Informationskompetenz für studentische Tutor/innen"

Vorgaben	Externe Handlungsvoraussetzungen (externe Bedingungen)
Thema	Bibliotheksbenutzung und Fachinformationskompetenz
Zielgruppe	Ca. 20 Tutor/innen geisteswissenschaftlicher Fächer (Schwerpunkte: Geschichtswissenschaft, Neuere Philologien)
Zur Verfügung stehende Zeit	90 min
Verfügbarer Raum, verfügbare Medien	Raum mit 20 Rechnerarbeitsplätzen

a. Interne Handlungsvoraussetzungen (interne Bedingungen) erschließen

Wie geht man beim Planen vor?

Vorkenntnisse/Erfahrungen

Die studentischen Tutor/innen kennen die Hochschulbibliothek aus ihrem Studium und haben demzufolge bereits eigene Erfahrungen im Umgang mit den Katalogen, den Beständen, den Regelungen der Buchbestellung und der Ausleihe. Jedoch fehlt es teilweise an fundierten Kenntnissen und Fertigkeiten bei der komplexeren, themenbezogenen Literaturrecherche im Bibliothekskatalog sowie bei Nutzung wichtiger Fachinformationsressourcen (Datenbanken, E-Journals, Fachportale).

Motivation

Obwohl die Teilnahme an dieser Schulung freiwillig ist, sind die Tutor/innen motiviert, weil sie ihr Knowhow an Studienanfänger/innen im Rahmen der Tutoratsgruppen weitergeben sollen. Sie haben damit eine doppelte Motivation: Einerseits möchten sie Kenntnisse erwerben, weil sie diese später weitergeben sollen, zum anderen verbessern sie dabei nebenbei ihre eigene Kompetenz im Umgang mit den Fachinformationsressourcen und profitieren davon natürlich auch für ihr eigenes Studium.

Interesse

Die Tutor/innen wünschen eine vertiefte Orientierung über das aktuelle Medien- und Informationsangebot der Hochschulbibliothek für ihre Fächer. Sie möchten komplexere Recherchemöglichkeiten anhand der Kataloge, der Literaturdatenbanken und weiterer Informationsressourcen kennen lernen und ihre Fachinformationskompetenz insgesamt verbessern.

b. Lernziele formulieren

Übergeordnetes Ziel
Die Tutor/innen können kompetent mit dem Katalog und einer relevanten Datenbank umgehen. Sie sind in der Lage, ihre Kenntnisse weiterzugeben.

Detailziele
- Die Tutor/innen können die Suchstrategien „Trunkierung", „Boolesche Operatoren", einfache und erweiterte Suche und Schlagwortregister zur Suche im Katalog und der Datenbank X nutzen. (anwenden)
- Sie können für ihre Fächer relevante Datenbanken nennen (wissen) und über die Website der UB auffinden. (anwenden)
- Sie können Suchstrategien verständlich erklären. (analysieren)

c. Planungsentwurf erstellen

Zeit	Inhalt	Methode	Medien
5 min	Begrüßung		
5 min	Vorstellen des Ablaufs		Flipchartpapier mit Ablauf
40 min	Aufgabe	Lernstationen in Gruppenarbeit, Gruppenpuzzle Teil 1	Arbeitsblatt
25 min	Präsentationen	Gruppenarbeit, Gruppenpuzzle Teil 2	Arbeitsblatt
10 min	Fragen		
5 min	Verabschiedung		

Begründung des Vorgehens

Diese Schulung muss zweierlei Dinge erreichen: Auf der einen Seite soll die Informationskompetenz der Tutor/innen gestärkt werden, andererseits sollen sie auch in die Lage versetzt werden, ihr eigenes Wissen bezogen auf Suchstrategien und die Nutzung des Bibliotheksangebots weiterzugeben. Aus diesem Grund wird für diese Schulung ein problembasiertes Vorgehen gewählt, welches von einem relevanten Problem für die Tutor/innen ausgeht und sie dabei unterstützt, ein Produkt zu erstellen, welches sie später direkt praktisch in ihrer Arbeit mit den Studienanfänger/innen nutzen können.

Das Problem soll die Tutor/innen dazu veranlassen, ihr eigenes Wissen zu vertiefen und, wo nötig, zu erweitern und dabei ein Merkblatt über Suchstrategien (= Produkt) zu erstellen, welches sie in ihrer Arbeit mit den Studienanfänger/innen später nutzen können.

Da davon ausgegangen wird, dass die Tutor/innen bereits grundlegende Suchstrategien beherrschen, z. T. aber auch Lücken haben, derer sie sich selbst nicht bewusst sind, und dass die unterschiedlichen Tutor/innen sehr unterschiedliches Wissen haben, wird zur Unterstützung bei der Bearbeitung der Aufgabe die Methode der Lernstationen gewählt. Der Einsatz dieser Methode ermöglicht es den Tutor/innen, die Lernstationen zu bearbeiten, die für sie persönlich relevant sind, und die anderen nicht oder nur kurz. Damit ist ein individuelles Arbeiten an der eigenen Kompetenz deutlich mehr gewährleistet, als wenn z. B. ein Vortrag gehalten werden würde. Bei einem Vortrag bestünde die Gefahr, dass die Teilnehmenden sich „ausklinken", wenn sie etwas schon wissen, und dann den Einstieg zu dem verpassen, was sie noch nicht wissen.

Die Aufgabe umfasst also, dass die Tutor/innen in Gruppenarbeit à 3–4 Personen ein Merkblatt zu Suchstrategien und Besonderheiten relevanter Datenbanken für ihre Fächer erstellen, welches sie später auch an ihre Studienanfänger/innen weitergeben können. Es ist davon auszugehen, dass die Tutor/innen viele Suchstrategien in der Gruppe bereits ohne weitere Informationen darstellen können. Brauchen sie jedoch weitere Informationen, haben sie die Möglichkeit sich an den Lernstationen zu informieren, an denen die verschiedenen Suchstrategien kurz dargestellt/beschrieben/demonstriert werden. Dafür müssen Materialien wie Anleitungen, Poster, Online-Anleitungen oder Ähnliches an den Stationen bereitgestellt werden. Weitere Stationen stellen Informationen zu Datenbanken bereit und ermöglichen ein Arbeiten mit der jeweiligen Datenbank. Während dieser Arbeit an den Lernstationen steht der Kursleiter/die Kursleiterin jeder Zeit für Fragen zur Verfügung und „lauscht" bei den unterschiedlichen Gruppen, um sich einschalten zu können, wenn Fragen oder Missverständnisse auftreten.

Das zu erstellende Merkblatt kann am PC als Word-Dokument oder auf Papier erstellt werden. Wichtig ist, dass es anschließend von jedem einzelnen Gruppenmitglied in einer neuen Gruppe kurz präsentiert werden kann. Dafür kann es per E-Mail verschickt werden, so dass es dann an jedem Rechner geöffnet werden kann, oder die Gruppenmitglieder müssen alle eine Fassung auf Papier erstellen. Diese Präsentationsphase soll dazu dienen, dass die Tutor/innen die Suchstrategien kurz erklären, die sie später ihrerseits den Studienanfänger/innen nahe bringen müssen. Dadurch üben sie den Umgang mit den Begriffen, vertiefen ihr eigenes Wissen und lernen gleichzeitig noch die Merkblätter der anderen Gruppen kennen. Dies kann erstens ihr eigenes Wissen noch erweitern und ihnen zweitens Anregungen geben, wie sie im Anschluss an die Schulung ihr eigenes Merkblatt noch optimieren können.

Nach den Präsentationen werden anfallende Fragen geklärt und die Tutor/innen verabschiedet.

Die zwei aufeinanderfolgenden Gruppenarbeitsphasen haben dabei die Form eines Gruppenpuzzles (vgl. Beispiel-Arbeitsblatt, Abb. 18 im Materialteil dieses Szenarios). Zunächst wird in einer Gruppe ein Produkt gemeinsam erarbeitet, hier das Merkblatt. Dann werden die Gruppen in der zweiten Phase so neu gebildet, dass in den neuen Gruppen jeweils mindestens ein Gruppenmitglied aller Gruppen aus der ersten Gruppenarbeitsphase vertreten ist. Auf diese Weise kennen am Ende alle Teilnehmenden alle Merkblätter und jeder einzelne Teilnehmende musste sein Merkblatt erläutern.

Diese Schulung ermöglicht es den Tutor/innen damit, ein Produkt zu erstellen, welches sie später direkt nutzen können. Beim Erstellen vertiefen und erweitern sie ihr eigenes Wissen, beim Präsentieren ihres Produktes üben sie den Umgang mit der Fachterminologie und die Fertigkeit, ihr eigenes Wissen für andere darzustellen, was sie später gegenüber den Studienanfänger/innen auch tun müssen.

Für weitere Informationen zum Einsatz der Methoden „Lernstationen" und „Gruppenpuzzle" siehe Methodensammlung (Kapitel 6 in diesem Buch) Merkblatt „Lernstationen", S. 37 und Merkblatt „Gruppenpuzzle", S. 36.

Für weitere Informationen zur Lehrstrategie siehe Kapitel 5.5 „Problembasiertes Lehren".

d. Materialien erstellen

Beispiel für ein Arbeitsblatt

Gruppenpuzzle, Teil 1
Finden Sie sich in Gruppen à 4–5 Teilnehmenden mit ähnlichen Fächern zusammen.

Erstellen Sie gemeinsam ein Merkblatt für die Studienanfänger/innen, die Sie im Rahmen der Einführungswoche oder einer Lehrveranstaltung betreuen werden. Stellen Sie auf dem Merkblatt erstens Suchstrategien zusammen und erklären Sie diese. Nennen Sie außerdem die für Ihr Fach relevanten Datenbanken und listen die Besonderheiten des Suchens in diesen Datenbanken auf.

Sie können dafür zunächst gemeinsam beraten und überlegen, wie Sie bisher suchen und welche Datenbanken Ihnen bekannt sind. Danach können Sie zu den einzelnen Lernstationen gehen und sich über weitere Suchstrategien und Datenbanken informieren und mit diesen Informationen Ihr Merkblatt optimieren.

Im Anschluss werden Sie die Aufgabe haben, ihr Merkblatt anderen Teilnehmenden vorzustellen. Wenn Sie das Merkblatt auf einem Papier erstellen, sollten sich alle Teilnehmenden eine Fassung erstellen, bzw. später abschreiben. Wenn Sie es als Word-Dokument am PC erstellen, sollten Sie es vor den Präsentationen an alle Gruppenmitglieder per E-Mail verschicken, so dass es von allen Gruppenmitgliedern an ihren neuen Gruppen-Arbeitsplätzen geöffnet werden kann.
Zeit: 40 min

Gruppenpuzzle, Teil 2
Finden Sie sich so in neuen Gruppen zusammen, dass immer ein Teilnehmender jeder ursprünglichen Gruppe in der neuen Gruppe vertreten ist. Stellen Sie sich dann gegenseitig Ihre Merkblätter vor und klären Sie auftretende Fragen.
Zeit: 25 min

Abb. 18: Beispiel-Arbeitsblatt

9.7 Szenario „Einführung in die Bibliotheksbenutzung und in die Fachinformationsrecherche für internationalen Studiengang"

Vorgaben	Externe Handlungsvoraussetzungen (externe Bedingungen)
Thema	Bibliotheksbenutzung und Fachinformationsrecherche
Zielgruppe	Ca. 20 Studierende im Hauptstudium/Masterstudium eines internationalen Studiengangs
Zur Verfügung stehende Zeit	90 min
Verfügbarer Raum, verfügbare Medien	Raum mit 20 Rechnerarbeitsplätzen

a. Interne Handlungsvoraussetzungen (interne Bedingungen) erschließen

Wie geht man beim Planen vor?

Vorkenntnisse/Erfahrungen
Die Teilnehmenden kennen die Funktionsweise von Bibliotheken allgemein und beherrschen die Katalogsuche. Sie sind in der Regel auch in der Lage, Literatur zu beschaffen und verfügen über gute Internetkenntnisse. Mit den Charakteristika genau dieser Hochschulbibliothek sind sie jedoch noch nicht im Detail vertraut. Außerdem sind Schwierigkeiten mit der deutschen Sprache eine Hürde im Umgang mit dem Angebot der Bibliothek.

Motivation
Da die Schulung in das Studium eingebunden und damit die Teilnahme obligatorisch ist, ist die Motivation der Teilnehmenden unterschiedlich ausgeprägt. Einige werden den Sinn der Schulung sofort für sich erkennen und sind daher motiviert, andere halten die Schulung eher für Zeitverschwendung, da sie sich schon für ausreichend kompetent in diesem Bereich fühlen. Letztere dürften dabei jedoch vermutlich in der Minderheit sein, da sie aus ihrem Erststudium sicherlich die Vorteile guter Bibliothekskenntnisse in Erinnerung behalten haben.

Interesse

Da grundlegende Kenntnisse im Umgang mit Bibliotheken bereits vorhanden sind, möchten die Teilnehmenden vor allem wichtige Fachdatenbanken und weitere Fachinformationsressourcen (virtuelle Fachportale, Volltexte, wissenschaftliche Suchmaschinen) kennen lernen. Außerdem wünschen sie Informationen darüber, wie sie auf die Volltexte in genau dieser Bibliothek zugreifen können.

b. Lernziele formulieren

Übergeordnetes Ziel
Die Teilnehmenden sind in der Lage, das Angebot der Hochschulbibliothek sachgemäß zu nutzen.

Detailziele
- Sie können Suchstrategien anwenden, um Quellen zu einem bestimmten Thema zu finden. (anwenden)
- Sie können für ihr Fach relevante Datenbanken und weitere Fachinformationsressourcen (virtuelle Fachportale, Volltexte, wissenschaftliche Suchmaschinen) nutzen. (anwenden)
- Sie können die Volltexte der gefundenen Quellen beschaffen. (anwenden)

c. Planungsentwurf erstellen

Zeit	Inhalt	Methode	Medien
5 min	Begrüßung		
10 min	Suchstrategien im Katalog, Beschaffungsmöglichkeiten	Modeling	
10 min	Suchauftrag	Coaching in Partnerarbeit	Suchauftrag
10 min	Datenbanken und Suchstrategien, Beschaffungsmöglichkeiten	Modeling	
10 min	Suchauftrag	Coaching in Partnerarbeit	Suchauftrag
10 min	Suchauftrag	Scaffolding in Einzelarbeit	Suchauftrag, Arbeitsblatt
15 min	Ergebnissicherung	Articulation/Reflection	Arbeitsblatt
10 min	Eigene Suche	Exploration, Einzelarbeit	Arbeitsauftrag
10 min	Fragen und Abschluss		

Begründung des Vorgehens

Der wesentliche Unterschied dieses Szenarios gegenüber den anderen Szenarien dieser Art (z. B. Szenario für Fortgeschrittene oder Wissenschaftler/innen) besteht darin, dass es sich an Teilnehmende wendet, die vermutlich nicht alle Deutsch auf muttersprachlichem Niveau sprechen. Im Gegensatz zu den anderen Schulungen für die angesprochenen, vergleichbaren Zielgruppen bietet sich hier deshalb ein Vorgehen an, das mehr auf Demonstrieren als auf Erarbeiten ausgerichtet ist. Ein solches Vorgehen kann durch den Einsatz der Strategie Cognitive Apprenticeship gewährleistet werden.

Im Sinne dieser Lehrstrategie beginnt diese Schulung nach der Begrüßung damit, dass den Teilnehmenden zunächst ausführlich eine Suche im Katalog demonstriert wird, bei der auch verschiedene Suchstrategien wie Suchen mit Booleschen Operatoren und Trunkierung und Nutzung des Schlagwortregisters eingesetzt werden. Außerdem wird gezeigt, wie man Informationen über die Verfügbarkeit der Treffer erhält. Dies entspricht der Modeling-Phase, in der die Teilnehmenden nur beobachten und Erklärungen erhalten, selbst aber noch nicht am PC arbeiten. In dieser Phase lernen sie Neues kennen und vertiefen gleichzeitig bereits Bekanntes.

Im Anschluss daran erhalten die Teilnehmenden einen Suchauftrag, den sie in Partnerarbeit bearbeiten sollen. Die Partnerarbeit als Sozialform wird hier gewählt, weil sich die Partner gegenseitig unterstützen können. Nur dadurch kann die Cognitive Apprenticeship-Methode des Coachings in dieser Schulung umgesetzt werden, da es nicht möglich ist, dass der Kursleiter/die Kursleiterin alle Teilnehmenden gleichzeitig individuell coacht/unterstützt. In der Partnerarbeit kann die Unterstützung immerhin vom Partner kommen. Trotzdem sollte der Kursleiter/die Kursleiterin natürlich jederzeit für Fragen offen sein und mit offenen Ohren und Augen das Vorgehen der Teilnehmenden beobachten und ggf. eingreifen. Nur so kann verhindert werden, dass ungeeignete Strategien zur Anwendung kommen und gefestigt werden.

Es besteht dann für die Teilnehmenden die Möglichkeit, im Plenum Fragen zu stellen.

Da es für die Teilnehmenden überfordernd wäre, sowohl Suchstrategien als auch Datenbanken/Fachressourcen in einer einzigen Modeling-Phase zu demonstrieren, werden in dieser Schulung die Modeling- und Coaching-Phase doppelt realisiert. In der nun folgenden zweiten Modeling-Phase demonstriert der Kursleiter/die Kursleiterin, die Suche in mindestens zwei für den Studiengang der Teilnehmenden relevanten Datenbanken/Fachressourcen und zeigt auch mögliche Wege vom Treffer zum Volltext auf.

Auch die so kennengelernten Fertigkeiten üben die Teilnehmenden nun in Partnerarbeit mit einem Suchauftrag. Dies entspricht der zweiten Coaching-Phase.

Dann folgt die Phase des Scaffolding. Hier erhalten die Teilnehmenden einen umfassenden Suchauftrag, den sie dieses Mal alleine und unter Nutzung des Katalogs sowie der Datenbanken bearbeiten sollen. Dass die Teilnehmenden nun alleine arbeiten, entspricht dem für die Scaffolding-Phase geforderten langsamen Zurücknehmen von Unterstützung. Trotzdem sollte der Kursleiter/die Kursleiterin selbstverständlich verfügbar bleiben. Mit dem Suchauftrag verbunden ist auch die Aufgabe für die Teilnehmenden, ihre eigene Suchstrategie/ihr eigenes Vorgehen zu dokumentieren. Dies soll dazu dienen, dass sie sich ihres Vorgehens bewusst werden. Außerdem haben sie später einen „Spickzettel" als Erinnerung. Gleichzeitig dient diese Dokumentation als Grundlage für die anschließende Phase der Artikulation und Reflexion.

In dieser Phase der Artikulation und Reflexion werden die Teilnehmenden gebeten, sich in 4er-Gruppen zusammenzufinden und sich gegenseitig ihr Vorgehen beim Erfüllen des Suchauftrags in der Scaffolding-Phase vorzustellen. Die anderen Teilnehmenden sollen dann Tipps geben, wie die Suche eventuell optimaler hätte durchgeführt werden können. Auf diese Weise sollen Fragen geklärt und die neuerlernten Fertigkeiten geübt und geprüft werden.

Es folgt dann die letzte Phase der Cognitive Apprenticeship, die Exploration, in der die Teilnehmenden nun eine Suche zu einem eigenen Thema beginnen. Dies dient zur Sicherung des Erlernten und zum Bewusstmachen letzter verbleibender Lücken, die dann in der abschließenden Fragerunde geklärt werden können.

Damit setzt diese Schulung die Cognitive Apprenticeship um, sodass die Teilnehmenden durch die Modeling-Phasen das Vorgehen, auch ohne jedes Wort im Detail zu verstehen, nachvollziehen können. Durch die Phasen des Coachings, Scaffoldings, Artikulation/Reflexion und Exploration sind die Teilnehmenden trotzdem stark gefordert: Sie müssen aktiv sein und können so eigenes Wissen und Fertigkeiten aufbauen. Durch die vielen aktiven Phasen wird außerdem sichergestellt, dass auch etwas unmotiviertere Teilnehmende mitarbeiten „müssen".

Für weitere Informationen zur Lehrstrategie siehe Kapitel 5.2 „Cognitive Apprenticeship".

9.8 Szenario „Seminarkurs"

Vorgaben	Externe Handlungsvoraussetzungen (externe Bedingungen)
Thema	Bibliotheksbenutzung und Katalogrecherche
Zielgruppe	Ca. 20 Schüler/innen eines Seminarkurses im Gymnasium (Klasse 12)
Zur Verfügung stehende Zeit	90 min
Verfügbarer Raum, verfügbare Medien	Raum mit 20 Rechnerarbeitsplätzen

Wie geht man beim Planen vor?

a. Interne Handlungsvoraussetzungen (interne Bedingungen) erschließen

Vorkenntnisse/Erfahrungen

Die Seminarkursschüler/innen besuchen zum ersten Mal eine große wissenschaftliche Bibliothek und haben demzufolge keine Erfahrungen im Umgang mit den Katalogen, den Beständen und den Regelungen der Buchbestellung und der Ausleihe. Insbesondere fehlt es an fundierten Kenntnissen und Fertigkeiten bei der themenbezogenen Literaturrecherche im Bibliothekskatalog, beim Auffinden gewünschter Bücher und bei der Bewertung der gefundenen Information.

Allerdings kann davon ausgegangen werden, dass die meisten Schüler/innen Kenntnisse über andere Bibliotheken, z. B. die Stadtbibliothek oder die Schulbibliothek haben.

Außerdem sind die Schüler/innen im Umgang mit dem Internet und Suchmaschinen wie Google bestens vertraut. Sie haben keine Hemmschwelle im Umgang mit neuen Programmen/Datenbanken/Software.

Motivation

Die Teilnahme an der Bibliothekseinführung ist im Bildungsplan vorgesehen und von den Lehrkräften entsprechend in das Jahresprogramm des Seminarkurses integriert worden. Mit Blick auf die anzufertigende Seminarkursarbeit dürfte die Motivation recht gut ausgeprägt sein, wobei in jedem Fall auch wenig motivierte Schüler/innen dabei sein werden.

Interesse

Die Seminarkursschüler/innen wünschen eine Orientierung über das Medien- und Informationsangebot der Hochschulbibliothek. Sie möchten Recherchemöglichkeiten und Standorte kennen lernen, außerdem die Nutzungsbedingungen.

b. Lernziele formulieren

Übergeordnetes Ziel
Die Schüler/innen können eine Literaturrecherche durchführen und sich die relevante Literatur in der Bibliothek beschaffen.

Detailziele
– Sie können die Angebote der Universitätsbibliothek benennen. (wissen)
– Sie können Literatur im Katalog recherchieren. (anwenden)
– Sie können sich gewünschte Volltexte beschaffen. (anwenden)

c. Planungsentwurf erstellen

Zeit	Inhalt	Methode	Medien
5 min	Begrüßung		
2 min	Aufgabe: Literatursuche zum Seminarkurs-Thema	Partnerarbeit	PC mit geöffnetem Katalog
3 min	Nach Trefferzahlen fragen, hinweisen, dass das sehr viele sind, die unmöglich alle gelesen werden können, und hinweisen, dass in diesem Kurs Strategien kennengelernt werden, welche eine Einschränkung ermöglichen	Gespräch	
5 min	Ablauf und Ziele vorstellen	Präsentation	Ablaufplan und Ziele auf Flipchartpapier
15 min	Suchstrategien und Verfügbarkeit prüfen	Rätsel in Partnerarbeit	Arbeitsblatt
10 min	Lösung des Rätsels erfragen. Fragen klären	Gespräch	
15 min	Literaturliste für Seminarkursarbeit erstellen	Partnerarbeit	Arbeitsblatt
5 min	Fragen klären		
20 min	Führung durch die Räumlichkeiten der Hochschulbibliothek	Führung mit Aufgabe	Arbeitsblatt
5 min	Info über Bibliotheks-Ausweise	Kurze Information	Formular zur Ausstellung eines UB-Ausweises
5 min	Abschluss		

Begründung des Vorgehens

Diese Schulung richtet sich an Schüler/innen der Oberstufe. Diese sollen in die Lage versetzt werden, den Katalog angemessen zu benutzen und ausgehend von einer Trefferliste Volltexte zu beschaffen. Da es sich bei der Zielgruppe um Schüler/innen handelt, ist von guten Kenntnissen mit dem Internet und Suchmaschinen wie Google auszugehen. Außerdem bietet es sich an, etwas spielerischer an die Aufgabe heranzugehen, um zu vermeiden, dass die Schulung zu sehr an klassischen Schulunterricht erinnert, der u.U. negative Emotionen hervorrufen könnte.

Es wird daher ein entdecken-lassendes Lehrverfahren gewählt, das durch das spielerische Element eines Rätsels ergänzt wird.

Die Relevanz der Schulung wird den Schüler/innen zu Beginn durch die Aufgabe deutlich gemacht, eine Suche zu ihrem Seminarkursthema mit dem Katalog, der an den Arbeitsplätzen geöffnet ist, durchzuführen. Die meisten Schüler/innen werden den Katalog dabei wie Google nutzen, das Thema als Suchbegriff eingeben und eine sehr hohe Trefferanzahl erzielen. Ziel ist es, dass sie ob dieser hohen Trefferzahl „erschrecken", weil sie befürchten, dies alles lesen zu müssen. Dies soll bei ihnen also das mentale Ungleichgewicht auslösen, welches sie dazu veranlassen wird, in der folgenden Schulung mitzudenken.

Nachdem den Schüler/innen dann die Ziele und der Ablauf des Kurses mittels Flipchart präsentiert wurden, wird die Arbeitsaufgabe, die die Form eines Rätsels hat, erläutert (vgl. Beispiel-Arbeitsblatt, Abb. 19 im Materialteil dieses Szenarios). Das Rätsel kann von den Schüler/innen gelöst werden, indem sie die Aufgaben des Blattes der Reihe nach in Partnerarbeit bearbeiten und jeweils Lösungswörter notieren. Wenn die Aufgabe gut vorbereitet ist, wäre es hier schön, wenn diese Lösungswörter zusammen einen lustigen Satz ergeben würden. Dies erhöht bei den Schüler/innen den Spaßfaktor und motiviert sie dadurch, die Aufgaben auch ernsthaft zu bearbeiten, was wiederum dazu führt, dass sie ganz „nebenbei" lernen, da sie aktiv sind.

Nachdem die Lösung dann im Plenum besprochen wurde, sollen die Schüler/innen eine Aufgabe bearbeiten, die für sie unmittelbare Relevanz hat und sie dazu veranlasst, die neuen Suchstrategien, die sie durch die Bearbeitung des Rätsels kennengelernt haben, anzuwenden. Die Aufgabe umfasst, dass die Schüler/innen Medien suchen, die für ihre individuelle Seminarkursarbeit relevant sind. Dabei werden sie darauf hingewiesen, relevante Literatur zu exportieren und zu vermerken, wie und wo sie auf diese Medien zugreifen können. Die Aufgabe ist zwar weniger spielerisch, dürfte aber trotzdem auf Akzeptanz bei den Schüler/innen stoßen, weil sie einen direkten Nutzen für die Anfertigung ihrer Seminarkursarbeit erkennen können.

Nach einer Fragerunde folgt dann eine kurze Führung durch die Räumlichkeiten der Hochschulbibliothek. Während dieser Führung haben die Schüler/innen die Aufgabe, nebenbei die Standorte von mindestens einem Titel ihrer selbst angefertigten Liste zum Thema ihrer Seminarkursarbeit zu identifizieren. Diese Aufgabe erfüllt die Funktion, dass die Schüler/innen den Erklärungen des Kursleiters/der Kursleiterin bei der Führung folgen, denn sie müssen die Orte identifizieren, welche sie im Katalog als Standorte ihrer Treffer gefunden haben.

Die Führung endet im PC-Pool, wo der Kursleiter/die Kursleiterin den Schüler/innen die Formulare für die Ausstellung eines Bibliotheksausweises aushändigt, offene Fragen beantwortet und die Schüler/innen verabschiedet. Am Ausgang ist ein Flipchartpapier aufgehängt, auf welches die Schüler/innen beim Hinausgehen noch schreiben können, was ihnen an der Schulung gefallen und was ihnen nicht gefallen hat.

Auf diese Weise ermöglicht die Schulung für die Schüler/innen, ohne zu sehr an trockenen Schulunterricht zu erinnern, spielerisch Suchstrategien zu erlernen und die Bibliothek kennenzulernen, denn sie müssen zu jedem Zeitpunkt im Kurs aktiv sein, was Voraussetzung für Lernen ist.

Für weitere Hinweise zum Einsatz der Methode „Aufgabe" siehe Methodensammlung (Kapitel 6 in diesem Buch) Merkblatt „Aufgabe", S. 44.

Für weitere Informationen zur Lehrstrategie siehe Kapitel 5.4 „Entdecken-lassendens Lehren".

d. Materialien erstellen

Beispiel für ein Arbeitsblatt *(mit Hinweisen für Schulungsleiter/in in Kursivdruck)*

Aufgaben

a) Gebt den Suchbegriff X (weiter Begriff) ein und schreibt das erste Wort des vierten Treffers an die vorgesehene Stelle unten auf diesem Arbeitsblatt.

b) Gebt nun den Suchbegriff X ein und „AND" und den Suchbegriff Y. Was ist passiert: Habt ihr nun mehr oder weniger Treffer? Notiert euch „mehr" oder „weniger" an der vorgesehenen Stelle.

c) Gebt nun den Suchbegriff X ein und „OR" und den Suchbegriff Y. Was ist passiert: Habt ihr nun mehr oder weniger Treffer? Notiert euch „mehr" oder „weniger".

d) Was passiert, wenn ihr statt des Suchbegriffs X nur den Stamm dieses Wortes mit einem folgenden * eingebt? Erhaltet ihr mehr oder weniger Treffer? Notiert euch „mehr" oder „weniger".

e) Sucht nun nach dem ersten Schlagwort des dritten Treffers der eben erhaltenen Treffermenge und notiert die Anzahl der Treffer.

f) Gebt nun erneut den Suchbegriff X ein und schränkt eure Suche dann auf Bücher ein, die in der UB vorhanden sind. Notiert das vierte Wort des 2. Treffers.

g) Findet dann heraus, wie ihr diesen Titel bekommen könnt. Notiert „ausleihbar", „Bestellung" oder „Vormerkung".

h) Sucht nun ein Buch zum Thema X, das ausleihbar ist, und notiert euch die Signatur.

Lösung

_____   _____   _____
Lösung a)   Lösung b)   Lösung c)

Abb. 19: Beispiel-Arbeitsblatt

9.9 Szenario „Informationskompetenz für Bachelorstudierende"

Vorgaben	Externe Handlungsvoraussetzungen (externe Bedingungen)
Thema	Bibliotheksbenutzung und Katalogrecherche
Zielgruppe	Ca. 20 Studierende im Bachelorstudium
Zur Verfügung stehende Zeit	100 Arbeitsstunden Workload, davon ca. 25 als Präsenzveranstaltung
Verfügbarer Raum, verfügbare Medien	Raum mit 20 Rechnerarbeitsplätzen

Wie geht man beim Planen vor?

a. Interne Handlungsvoraussetzungen (interne Bedingungen) erschließen

Vorkenntnisse/Erfahrungen

Das Vorwissen der Teilnehmenden ist recht heterogen. Sie variieren je nach Anzahl der Fachsemester und nach Studienfach. Grundkenntnisse zur Katalog- und zur Datenbankrecherche können jedoch als gegeben angenommen werden.

Motivation

Die Teilnehmenden haben den Kurs gezielt ausgewählt und sind deshalb recht motiviert. Da er jedoch parallel zum ganz normalen Semesterbetrieb stattfindet, können sich die Studierenden z. T. überfordert fühlen.

Interesse

Das Interesse der Teilnehmenden konzentriert sich auf die Verbesserung der Ressourcenkenntnis und der Recherchekompetenzen, sowie auf die Informationsverarbeitung, einschließlich der Standards wissenschaftlichen Arbeitens und Publizierens.

b. Lernziele formulieren

Übergeordnetes Ziel
Die Teilnehmenden sind in der Lage ein Themen-Dossier zu einem aktuellen Thema (zum Beispiel: Bürgerbeteiligung, Atomkraft, Terrorismus) umfassend und wissenschaftlich korrekt zu erstellen.

Detailziele
- Sie können Informationen recherchieren, auswählen und präsentieren. (anwenden)
- Sie können zitieren. (anwenden)
- Sie können Literaturverwaltungsprogramme nutzen. (anwenden)
- Sie beachten bei der Erstellung von Publikationen das Urheberrecht und erstellen kein Plagiat. (analysieren)

c. Planungsentwurf erstellen

Grobstruktur des Seminars
Das Seminar umfasst drei Präsenztermine und zwei Arbeitsphasen zwischen den Präsenzterminen.

Einführung/Infoblock 1	Problemstellung, Bildung von Arbeitsgruppen und Vorwissensaktivierung
	Überblick über die verfügbaren Informationsressourcen und Rechercheinstrumente
Arbeitsphase 1	Recherche
Infoblock 2	Informationsbewertung und –verarbeitung
Arbeitsphase 2	Gemeinsame Erstellung der Dokumentation
Abschluss	Präsentation und Kommunikation der Ergebnisse im Plenum

Einführung/Infoblock 1

Zeit	Inhalt	Methode	Medien
5 min	Begrüßung		
10 min	Arbeitsaufgabe erläutern: Dossier erstellen	Provozieren	Beispiel Dossier
10 min	Arbeitsgruppen bilden		
30 min	Welche Schritte sind beim Erstellen des Dossiers zu durchlaufen? Welche Informationen nötig?	Aktivieren, Gruppenarbeit	Arbeitsblatt
45 min	Überblick über die verfügbaren Informationsressourcen und Rechercheinstrumente	Lernstationen als Informieren in Gruppenarbeit	Material für die Lernstationen
10 min	Fragerunde	Gespräch	
20 min	Recherche in Arbeitsgruppe	Erstes Integrieren in Gruppenarbeit	
10 min	Fragerunde	Gespräch	
5 min	Verabschiedung und Ausblick		

Infoblock 2

Zeit	Inhalt	Methode	Medien
5 min	Begrüßung		
10 min	Anknüpfen an bisheriges, Ablauf vorstellen		Ablaufplan des gesamten Seminars und von heute auf Flipchartpapier
5 min	Vorstellen der Arbeitsaufgabe		Arbeitsblatt
30 min	Informationsbewertung und –verarbeitung	Gruppenpuzzle, Teil 1	
30 min	Informationsbewertung und –verarbeitung	Gruppenpuzzle, Teil 2	
15 min	Fragerunde	Gespräch	
20 min	Informationsbewertung und –verarbeitung	Anwenden in Gruppenarbeit	
10 min	Fragerunde		
5 min	Verabschiedung und Ausblick		

Abschluss

Zeit	Inhalt	Methode	Medien
5 min	Begrüßung		
10 min	Postersession vorbereiten		Klebeband
30 min	Postersession mit Aufgabe, die Arbeiten der anderen durch Post-its zu kommentieren	Postersession	Post-its
15 min	Fragerunde	Gespräch	
10 min	Schriftliche Evaluation	Fragebogen oder Kofferpacken	Fragebogen oder zwei gemalte Koffer auf Flipchartpapier
15 min	Mündliche Feedbackrunde	Feedback	
5 min	Verabschiedung		

Begründung des Vorgehens

Besonderheit dieses Seminars ist es, dass es umfassendere Kenntnisse vermitteln soll und dafür auch sehr viel mehr Zeit zur Verfügung steht als in den anderen hier vorgestellten Schulungen. Während die Zeit der anderen Schulungen in den meisten Fällen lediglich dafür ausreicht, Dinge „anzureißen", ermöglicht es dieses Seminar, stark in die Tiefe zu gehen und viele Möglichkeiten zum Anwenden und Üben zu geben. Aus diesem Grund folgt dieses Seminar der Lehrstrategie MOMBI.

Entsprechend der Lehrstrategie MOMBI erfolgen in der ersten Sitzung die Provokation, die Aktivierung und ein erstes Informieren. Das Integrieren erfolgt dann in der ersten Arbeitsphase. In der darauffolgenden Präsenzsitzung wird erneut informiert und in der folgenden Arbeitsphase integriert. Die Abschlusssitzung dient dem Festigen.

MOMBI wird hier also mit einer Wiederholung der Schritte Informieren und Integrieren umgesetzt, was nötig ist, da ein einziger Informationsblock bei der Menge der Inhalte für die Studierenden überfordernd wäre. Ein vollständiges zweites Durchlaufen von MOMBI, d. h. auch ein weiteres Provozieren und Aktivieren sind dagegen nicht nötig, da das erste Provozieren und Aktivieren auch für die zweite Informationsphase als ausreichend einzuschätzen ist. Schließlich steht weiterhin aus, dass die Teilnehmenden die Aufgabe, nämlich das Dossier zu erstellen, zu erfüllen haben.

Das Provozieren erfolgt durch die Aufgabenstellung: Die Teilnehmenden werden darüber informiert, dass sie ein Dossier zum Thema X zu erstellen haben und dafür Informationen sachgerecht, angemessen und umfassend zusammentragen und darstellen müssen. Dies dürfte sie in den nötigen mentalen Ungleichgewichtszustand versetzen, damit Lernen ausgelöst wird. Nachdem diese Aufgabe vorgestellt wurde, werden Arbeitsgruppen gebildet, in denen diese Aufgabe im Laufe des Semesters bewältigt werden soll. Die Arbeitsgruppen finden sich dann auch gleich zusammen, um erste Ideen zu sammeln, wie die Aufgabe bearbeitet werden kann. Sie sind konkret aufgefordert zu notieren, was sie tun müssen, und zu überlegen, welche Hilfestellungen sie dabei brauchen. Die Ergebnisse dieser Aktivierungsphase werden dann im Plenum kurz vorgestellt. Darauf Bezug nehmend stellt der Seminarleiter/die Seminarleiterin dann den Seminarfahrplan vor.

Nachdem dieser organisatorische Teil beendet und alle Fragen bezogen auf Anforderungen etc. geklärt sind, erfolgt der erste Informationsblock. Hier werden verfügbare Informationsressourcen und Rechercheinstrumente vorgestellt. Dafür werden Lernstationen (vgl. Szenarien 9.4, 9.6, 9.9) eingesetzt. Diese Lernstationen werden in den Arbeitsgruppen bearbeitet, wobei auch die Möglichkeit besteht, dass die Gruppen sich aufteilen und die einzelnen Gruppenmitglieder sich später gegenseitig informieren.

Der Einsatz von Lernstationen hat auch in diesem Szenario den Vorteil, dass die Teilnehmenden nur die Stationen bearbeiten müssen, die sie für sich ausgehend von ihren Überlegungen in der Aktivierung als relevant erachten, wo sie ihre eigenen Wissenslücken sehen. Der Einsatz von Lernstationen als Methode ermöglicht es also, auf das angenommene heterogene Vorwissen der Teilnehmenden einzugehen.

Im Anschluss an die Lernstationen erhalten die Teilnehmenden die Möglichkeit, eine erste gemeinsame Suche zum Thema ihres Dossiers zu starten. Dies dient dazu, dass die neu kennengelernten Strategien und Ressourcen noch im Beisein des Kursleiters/der Kursleiterin erprobt werden können. Die umfassende Recherche erfolgt dann in der Arbeitsphase 1, in der die Gruppen selbständig arbeiten.

Der zweite Infoblock dient dann dazu, dass die Teilnehmenden lernen, gefundene Informationen zu bewerten und weiterzuverarbeiten, d. h. korrekt zu zitieren und darzustellen, ohne später des Plagiarismus bezichtigt zu werden. Wie bereits angesprochen, ist der zweite Infoblock damit eine zweite Informieren-Phase im Sinne von MOMBI. Dieses Informieren wird durch ein Gruppenpuzzle umgesetzt. Dafür wird in einer ersten Phase verschiedenen Gruppen unterschiedliches Material zu verschiedenen Aspekten der Thematik gegeben. Das Material soll in den Gruppen gesichtet und aufgearbeitet werden. Dann werden neue Gruppen gebildet, so dass in jeder neuen Gruppe mindestens ein Gruppenmitglied der Gruppen aus der ersten Phase vertreten ist (es bietet sich an, das Gruppenpuzzle so zu gestalten, dass in dieser Phase wieder die Arbeitsgruppen zusammentreffen, die zusammen das Dossier erstellen). Die Teilnehmenden stellen nun ihren neuen Gruppenmitgliedern die Informationen ihres Materials vor. Während dieser Phase sollten die Teilnehmenden dazu angehalten werden, sich Notizen zu machen, die sie später nutzen können.

Nach dem Gruppenpuzzle sollte die Möglichkeit bestehen, Fragen im Plenum zu klären.

Danach werden die Teilnehmenden gebeten, ihr neues Wissen kurz auf ihr eigenes Projekt anzuwenden. Dies erfolgt, damit die Teilnehmenden noch auftretende Fragen an den Kursleiter/die Kursleiterin stellen können. Die eigentliche Aufbereitung des Materials geschieht dann in der folgenden Arbeitsphase.

Während dieser zweiten Arbeitsphase haben die Teilnehmenden die Aufgabe, ihr Dossier fertigzustellen und Auszüge daraus auf einem Poster korrekt darzustellen.

Poster und mindestens zwei Exemplare des Dossiers sollen zur Abschluss-Sitzung mitgebracht werden.

Die Abschluss-Sitzung ist dann im Sinne einer Postersession gestaltet. Die Arbeitsgruppen hängen ihre Poster auf und legen die Dossiers dazu. Ein Mitglied der Gruppe sollte jeweils beim Poster verweilen. Die Gruppenmitglieder sollen sich dabei abwechseln, so dass alle die Möglichkeit haben, auch die Arbeiten der anderen Gruppen anzuschauen. Um diese Postersession effektiver zu machen, werden die Teilnehmenden gebeten, Poster und Dossiers kritisch zu begutachten und zu kommentieren, indem sie Stellen auf dem Poster oder im Dossier, die ihnen positiv oder negativ auffallen, durch Kommentare auf Post-its markieren. Diese Aufgabe erhöht die Aufmerksamkeit der Teilnehmenden beim Durchsehen der Arbeiten der anderen Gruppen. Außerdem müssen sie durch diese Aufgabe nun auch andere Arbeiten auf der Grundlage ihres neuen Wissens bewerten, d. h. sie müssen ihr erworbenes Wissen erneut anwenden, wodurch sie es weiter festigen.

Nach einer Fragerunde erfolgt dann noch die Evaluation des Seminars. Dafür wird empfohlen eine schriftliche mit einer mündlichen Evaluation zu verknüpfen. Schriftlich könnte ein Evaluationsbogen eingesetzt werden. Es wäre aber auch möglich, dass die Teilnehmenden in auf Flipchartpapier gemalte Koffer schreiben, was sie „mitnehmen", und was sie dem Kursleiter/der Kursleiterin „mitgeben" (Methode Kofferpacken, siehe Methodensammlung). Eine anschließende mündliche Feedbackrunde wird empfohlen, damit die Kommentare oder die Kreuze auf dem Fragebogen etwas „erhellt" werden. Ohne eine anschließende mündliche Feedbackrunde besteht nämlich die Gefahr, dass der Kursleiter/die Kursleiterin anschließend vor ihren Evaluationsbögen oder den „Koffern" sitzt und nicht weiß, was die Teilnehmenden gemeint haben. Die mündliche Feedbackrunde kann einfach durch die Fragen erfolgen, was den Teilnehmenden gefallen hat, und was sie verbesserungswürdig finden.

Durch dieses Seminar werden die Teilnehmenden also in die Lage versetzt, Informationen professionell zusammen- und darzustellen.

Für weitere Hinweise zum Einsatz der Methoden „Lernstationen", „Gruppenpuzzle", „Postersession" und „Kofferpacken" siehe Methodensammlung (Kapitel 6 in diesem Buch) Merkblatt „Lernstationen", S. 37, Merkblatt „Gruppenpuzzle", S. 36, Merkblatt „Postersession" S. 40 und Merkblatt „Kofferpacken", S. 53.

Für weitere Informationen zur Lehrstrategie siehe Kapitel 5.3 „MOMBI".

9.10 Szenario „Vermittlung von Fachinformationskompetenz im Rahmen einer Lehrveranstaltung (eingebettet)" (mehrere Lehreinheiten)

Vorgaben	Externe Handlungsvoraussetzungen (externe Bedingungen)
Thema	Einführung in die Nutzung von fachspezifischen Online-Angeboten der Bibliothek für Philologen
Zielgruppe	Größere Gruppe von Studienanfänger/innen (60–100 Personen)
Zur Verfügung stehende Zeit	25 Arbeitsstunden (1 ECTS-Punkt) Workload, davon 3 als Präsenzveranstaltung
Verfügbarer Raum, verfügbare Medien	Hörsaal (ca. 100 Plätze, Beamer) und Raum mit 20 Rechnerarbeitsplätzen

a. Interne Handlungsvoraussetzungen (interne Bedingungen) erschließen

Wie geht man beim Planen vor?

Vorkenntnisse/Erfahrungen

Die Studienanfänger/innen haben noch keine Kenntnisse im Hinblick auf die Bibliotheksstruktur in der Hochschule. Sie haben eventuell an einer Einführung in der Zentralbibliothek teilgenommen und haben dort grundlegende Fertigkeiten bei der Literaturrecherche im Bibliothekskatalog und beim Auffinden gewünschter Bücher erlangt. Jedoch haben sie noch keinerlei Kenntnisse über die Nutzung von elektronischen Medien (E-Journals, Datenbanken, E-Books) ihres Faches.

Motivation

Die Teilnahme an der Veranstaltung ist obligatorisch und findet im Rahmen eines Proseminars statt. Mit Blick auf das beginnende Studium ist die Motivation gut ausgeprägt, da sich im Studienverlauf bereits abzeichnet, dass die in dieser Veranstaltung erlangten Erkenntnisse unmittelbar Anwendung finden.

Interesse

Die Teilnehmenden möchten das Angebot an elektronischen Ressourcen kennen lernen und die Recherche- und Einsatzmöglichkeiten praktisch anhand eines mitgebrachten oder vorgegebenen Themas anwenden.

b. Lernziele formulieren

Übergeordnetes Ziel
Die Teilnehmenden sind in der Lage, das Angebot der Hochschulbibliothek sachgemäß zu nutzen.

Detailziele
- Sie können Suchstrategien anwenden, um Quellen zu einem bestimmten Thema zu finden. (anwenden)
- Sie können für ihr Fach relevante elektronische Medien (E-Journals, Datenbanken, E-Books) nutzen. (anwenden)
- Sie können die Volltexte der gefundenen Quellen beschaffen. (anwenden)

c. Planungsentwurf erstellen

Grobstruktur der Schulung

Präsenzsitzung 1	Suchstrategien, Recherchetools der Bibliothek
Online-Phase 1	Übungsaufgaben als Eintrittskarte für die Workshops
Präsenzsitzung 2 – Workshops	Anwendung der Recherchetools anhand von Beispielen
Online-Phase 2	Prüfungsaufgaben

Da der Workload von 25 Stunden aufgrund von fehlenden Personalressourcen und Raumkapazitäten nicht ausschließlich präsent erreicht werden kann und den Teilnehmenden die Möglichkeit gegeben werden soll, ihre Kenntnisse in einem eigenen Lerntempo zu erwerben und zu vertiefen, wird die Veranstaltung als Blended-Learning-Kurs durchgeführt, d. h. es gibt Präsenz- und Onlineteile. Grob gesehen ist die Veranstaltung damit als Sandwich gestaltet. Den Sandwichboden bildet die erste Präsenzsitzung, die Füllung die erste Online-Phase und die zweite Präsenzsitzung und den Deckel bildet die zweite Online-Phase. Auf diese Weise ist es möglich, die Lehrinhalte mit Hilfe von praktischen Übungen vertiefen zu können.

Der erste Präsenztermin findet in einem Hörsaal statt und erfolgt deshalb vorwiegend vortragsbasiert. Hier werden allen Teilnehmer/innen der Ablauf und die Inhalte der Veranstaltung erläutert. Das Vorwissen der Teilnehmer wird erfragt (z. B. Haben Sie eine Bibliotheksführung gemacht? Haben Sie den Katalog der Bibliothek bereits genutzt? Was ist eine Bibliographie?) und die Lernziele der Veranstaltung transparent gemacht.

Der zweite Präsenztermin – Workshops – wird in einem Übungsraum durchgeführt, der mit PCs ausgestattet ist. Hierfür werden mehrere Termine angeboten werden, von denen die Teilnehmenden einen wahrnehmen müssen (Pro Termin können so viele Studierende teilnehmen, wie PC-Arbeitsplätze zur Verfügung stehen.). Hier werden die Inhalte, die im Plenum theoretisch vorgestellt wurden, in der Praxis angewendet. Ein Ziel dabei ist es, die Teilnehmer ohne weitere Einweisung mit Aufgaben zu konfrontieren, um eine Form des entdeckenden Lernens möglich zu machen.

Die Onlineteile werden auf der universitätseigenen Lernplattform den Teilnehmern nach Anmeldung zur Verfügung gestellt.

Auch hier gibt es zwei verschiedene „Termine":

Der erste Teil, der nach Besuch des Plenums frei geschaltet wird, beinhaltet einen Test, der vornehmlich den Bibliothekskatalog zum Thema hat und der, nach Lösung aller (wechselnden) Multiple-Choice-Fragen, ein Zertifikat zum Ausdruck bereit stellt, welches als verbindliche „Eintrittskarte" zu den darauffolgenden Workshops dient.

Nach dem zweiten Präsenztermin finden die Teilnehmer auf der universitären Lernplattform sogenannte „Prüfungsaufgaben" vor, die auf den durchgenommen Inhalten der Präsenztermine beruhen.

Nach erfolgreicher Bearbeitung können sich die Teilnehmenden selbst eine Teilnahmebescheinigung (die auch das Ergebnis der Prüfungsaufgaben enthält) ausdrucken/speichern.

Präsenzsitzung 1 (alle Teilnehmenden)

Zeit	Inhalt	Methode	Medien
5 min	Begrüßung und Anbinden an Online-Phase		
5 min	Advance Organizer zu Suchstrategien	Advance Organizer	Beamer, PC
15 min	Suchstrategien demonstrieren	Demonstration	Beamer, PC
8 min	Schritte des Vorgehens bei den Suchstrategien notieren	Lernstopp in Partnerarbeit	
12 min	Schritte des Vorgehens bei den Suchstrategien sammeln	Ergebnissicherung im Plenum	Folie
5 min	Advance Organizer zu Recherchetools der UB	Advance Organizer	Beamer, PC
15 min	Recherchetools	Präsentation	Beamer, PC
8 min	Recherchetools und Funktionen	Lernstopp in Partnerarbeit	
12 min	Recherchetools und Funktionen sammeln	Ergebnissicherung im Plenum	Folie
5 min	Aufgabe für Online-Phase erläutern, Verabschiedung		

Online-Phase 1

Nachdem die Teilnehmenden in der ersten Präsenzsitzung im Plenum umfassend informiert wurden, müssen sie in der folgenden Online-Phase ihr neues Wissen anwenden, indem sie Aufgaben lösen. Die gelösten Aufgaben sind dann die Eintrittskarte für die zweite Präsenzsitzung, die in Form von Workshops stattfinden.

Präsenzsitzung 2: Workshops (wird mehrfach für jeweils Teilgruppen der Teilnehmenden angeboten)

Zeit	Inhalt	Methode	Medien
5 min	Begrüßung und Anbinden an Präsenz-Phase		
7 min	Fortgeschrittene Aufgabe zum Bibliothekskatalog als Überleitung zu den weiteren Recherchetools	Übung	PC
5 min	Advance Organizer zu Recherchetools	Advance Organizer	Beamer, PC
10 min	Aufgabe zu Recherchetool 1	Übung	PC
8 min	Schritte des Vorgehens bei den Suchstrategien sammeln	Ergebnissicherung im Plenum	Folie
20 min	Aufgabe zu Recherchetool 2	Übung	PC
12 min	Schritte des Vorgehens bei den Suchstrategien sammeln	Ergebnissicherung im Plenum	Folie
15 min	Anwendung Suchstrategien an individuellem Beispiel ---> Literaturliste	Übung	PC
3 min	Schritte des Vorgehens bei der Literaturbeschaffung sammeln	Ergebnissicherung im Plenum	
5 min	Aufgabe für Online-Phase erläutern, Verabschiedung		

Online-Phase 2
In der zweiten Online-Phase werden den Teilnehmenden verschiedene Aufgaben zur Verfügung gestellt. Diese dienen als Prüfungsfragen. Die Teilnehmenden müssen alle Aufgaben alleine erfolgreich bearbeiten. Gelingt ihnen das, erhalten sie über das System die Möglichkeit, sich eine Teilnahmebescheinigung auszudrucken. Gelingt ihnen zu viel nicht, müssen sie die Aufgaben erneut lösen, bevor sie die Bescheinigung ausdrucken können. Damit wird der Lernerfolg am Ende dieser Schulung überprüft und sichergestellt.

Begründung des Vorgehens
Besonderheit dieser Schulung ist die hohe Teilnehmendenzahl sowie die hohe Arbeitsstundenzahl, welche die Teilnehmenden erbringen müssen. Um beides meistern zu können, wurde hier eine Schulung mit einem Blended-Learning-Konzept realisiert. Dies ermöglicht es, den Teilnehmenden hohe Arbeitsleistungen abzuverlangen, ohne die Kapazitäten des Schulungsleiters/der Schulungsleiterin über die Maße zu strapazieren.

Diese Schulung folgt dem expositorischen Lehrverfahren (Sühl-Strohmenger & Straub, 2008).

Die erste Plenumsveranstaltung bietet dabei den Advance Organizer und geht im Vortrag dann progressiv differenzierend, also schrittweise vom Allgemeinen zum Speziellen vor. Es werden einleitende Inhalte geboten, die die Teilnehmenden auf die in der ersten Online-Phase zu bearbeitenden Übungen vorbereiten.

Das „integrierende Verbinden" findet zum einen in den Workshops, d. h. in der zweiten Präsenzsitzung statt, wo bisher gelernte Inhalte zusammengefasst und angewendet werden. Zum anderen erfordern die am Ende des Kurses stehenden Prüfungsfragen alles erworbene Wissen, um letztendlich zur Teilnahmebescheinigung zu kommen (diese ist unmittelbar an das erfolgreiche Bearbeiten der Prüfungsaufgaben auf der Lernplattform der Universität geknüpft).

Aufgrund der großen Zielgruppe (60–100 Teilnehmende) und den räumlichen Voraussetzungen eines Hörsaals ist die erste Präsenzsitzung vortragsbasiert, was auch dem expositorischen Lehrverfahren entspricht. Der Schulungsleiter/die Schulungsleiterin stellt zunächst in einem Advance Organizer verschiedene Suchstrategien vor. Im Idealfall wird dieser Advance Organizer visualisiert, indem Zusammenhänge zwischen den Strategien aufgezeigt werden. Dabei werden die Strategien noch nicht erklärt und ausschließlich allgemein angesprochen, d. h. ohne genauer darauf einzugehen, in welcher Datenbank oder Katalog welche Strategie anwendbar ist.

Die detaillierte Erklärung der Suchstrategien erfolgt dann anschließend progressiv differenzierend und wird im Katalog demonstriert – der Katalog wird hier gewählt, weil davon ausgegangen wird, dass alle Teilnehmenden über Kenntnisse bei der Katalogsuche verfügen. Dadurch können sie sich voll auf die Suchstrategien konzentrieren, ohne sich mit einer neuen Oberfläche vertraut machen zu müssen.

Da im Hörsaal keine Möglichkeit besteht, die Teilnehmenden wirklich üben zu lassen, erfolgt das Üben im Sinne des Konsolidierens nach Ausubel durch ein Wiederholen der Theorie. Dafür werden den Teilnehmenden die Namen der unterschiedlichen Suchstrategien auf einer Folie mit der Aufgabe präsentiert, zu repetieren, wie bei diesen Suchstrategien vorgegangen wird. Sie sollen dazu mit dem Sitznachbarn/der Sitznachbarin zusammenarbeiten und das Vorgehen der verschiedenen Strategien Schritt für Schritt notieren. Anschließend sammelt der Schulungsleiter/die Schulungsleiterin mündlich die Vorgehensweisen der Teilnehmenden und notiert sie auf Folien (eine Folie pro Strategie) als Ergebnissicherung. Dabei kündigt er/sie an, diese

Folien später auf der Lernplattform für alle Teilnehmenden zur Verfügung zu stellen. Parallel zur Ergebnissicherung werden selbstverständlich Fragen der Teilnehmenden beantwortet, wobei ggf. auch nochmals eine Strategie demonstriert wird.

Dabei müssen die Teilnehmenden jedoch explizit dazu aufgefordert werden, Fragen zu stellen, da sie es vermutlich nicht gewohnt sind, in einem Vorlesungssetting Fragen zu stellen.

Als Abschluss dieses Blocks fasst der Schulungsleiter/die Schulungsleiterin das Vorgehen bei den unterschiedlichen Strategien mit Hilfe der Folien zusammen.

Es folgt dann der zweite Block dieses Präsenztermins. Hier geht es um das Online-Angebot der UB. Die Teilnehmenden sollen hier Datenbanken, Fachportale, unterschiedliche Datenbanktypen verschiedener Anbieter und E-Journals kennenlernen. Auch für diesen Informationsblock wird das expositorische Lehrverfahren gewählt. Den Teilnehmenden wird zunächst ein Advance Organizer gegeben, welcher im optimalen Fall auch visuell präsentiert wird. Er sollte die Struktur der unterschiedlichen Rechercheinstrumente aufzeigen, welche anschließend progressiv differenzierend nacheinander vorgestellt werden. Dabei sollte exemplarisch z. B. eine englischsprachige bibliographische Fachdatenbank und ein E-Journal mit Volltextzugriff vorgestellt und eine kurze Recherche demonstriert werden. Diese Demonstration dient als eine kleine Wiederholung der zuvor kennengelernten Strategien und zeigt den Teilnehmenden auf, dass die Strategien sich tatsächlich auf mehrere Tools (Online-Katalog, Datenbank, E-Journal u.ä.) übertragen lassen.

Als Übung muss auch hier eine theoretische Wiederholung dienen. Dafür wird den Teilnehmenden eine leere Tabelle präsentiert, welche über zwei Spalten verfügt: Name des Tools und Funktionen (Auch Aspekte wie Datenbanktyp, Anbieter, Berichtszeitraum und Zugriffsmöglichkeiten können erfragt werden, wobei die Tabelle dann jeweils um eine Spalte erweitert werden muss.) Die Teilnehmenden werden dann gebeten, eine solche Tabelle anzufertigen und alle Tools aufzuschreiben, an die sie sich aus der Präsentation erinnern, sowie zu notieren, welche Funktionen diese Tools haben, d. h. wann sie zum Einsatz kommen sollten. Diese Aufgabe sollen sie erneut mit ihrem Sitznachbarn/ihrer Sitznachbarin durchführen.

Auch die Ergebnisse dieser Arbeit werden anschließend im Plenum vom Schulungsleiter/von der Schulungsleiterin gesammelt und verschriftlicht sowie ggf. ergänzt. Auch diese Folie wird später auf der Lernplattform zur Verfügung gestellt.

Zum Schluss wird die Aufgabe für die kommende Online-Phase gestellt: Es sind Aufgaben als Eintrittskarte für die kommenden Workshops zu bearbeiten.

Die erste Online-Phase dient damit dem Üben. Außerdem kann der Schulungsleiter/die Schulungsleiterin erkennen, wo noch Lücken im Wissen der Teilnehmenden bestehen.

Die zweite Präsenzsitzung findet in Form von Workshops statt, an denen jeweils nur so viele Studierende teilnehmen, wie PC-Arbeitsplätze zur Verfügung stehen. Die Anwendungen im Workshop, im konkreten Fall sind es Literaturrecherchen in bibliographischen Datenbanken, werden exemplarisch behandelt. D.h. die MLA Bibliography ist zwar für alle Philologien die wichtigste Datenbank, aber bei weitem nicht die einzige z. B. für den Fachbereich Romanistik. Entsprechend wird im Workshop das Handling z. B. mit der Suchoberfläche von EBSCO (einem großen Datenbankanbieter) eingehend geübt, weil die Studierenden das Wissen um diese Suchoberfläche auf alle EBSCO-Datenbanken übertragen können. Und natürlich weisen alle Suchoberflächen in elektronischen Datenbanken ähnliche Elemente (z. B. einfache und erweiterte Suche, Thesaurus/Index, Suchhistorie, kombinierte Suche) auf. Es wird deshalb erwartet, dass auf diese Weise die Hemmschwelle für das Suchen in weiteren den Teilnehmenden bisher unbekannten Datenbanken senkt.

Die Bearbeitung der Aufgaben wird im Workshop nicht anhand von Simulationen, sondern mit Hilfe der realen Tools (z. B. Bibliotheks-Katalog, Datenbanken) durchgeführt. Durch den Wechsel von der universitären Lernplattform ins Internet besteht bei den Teilnehmern die Gefahr, die volitionale Kontrolle zu verlieren, d. h. die Teilnehmer könnten bei ihrer Internetsuche über die geforderte Problemlösung hinaus andere Seiten aufrufen, was ihre Aufmerksamkeit weg von der eigentlichen Aufgabe und hin zu ablenkender Beschäftigung führt.

Trotzdem wurde aber diese Form der Aufgabendarstellung gewählt: die Teilnehmenden sollen möglichst wirklichkeitsnahe Probleme lösen und Ansätze von entdeckendem Lernen erleben. Außerdem ist die Produktion von Simulationen sehr zeitaufwändig und unterliegt, im Verhältnis zu anderen Inhalten, einem starken Aktualisierungsdruck, da eine vom Lernenden ernst zu nehmende Simulation möglichst realitätsnah sein sollte.

Letztendlich sollen durch die eigenständige, aber noch sehr spezifische Art der aktiven Problemlösung eine Senkung der Hemmschwelle, was die Nutzung der Tools betrifft, und eine gewisse Automatisierung in der Verwendung der Tools erreicht werden.

Die Online-Phase 2 dient dann erneut der Übung und der Sicherung und Evaluation. Die Teilnehmenden erhalten hier Prüfungsaufgaben, die sie zu lösen haben. Sind sie dabei erfolgreich, so können sie sich ihre Teilnahmebescheinigung selbst ausdrucken.

Auf diese Weise gelingt es, die große Teilnehmendengruppe dieser Schulung zu aktivieren, individuell zu begleiten und kooperatives Lernen zu ermöglichen, ohne den/die Schulungsleiter/in über die Maße zu strapazieren.

Eine Flankierung der Lernprozesse dieser Veranstaltung durch persönliche Angebote, wie z. B. eine Sprechstunde des jeweiligen Fachreferenten/der jeweiligen Fachreferentin oder durch ergänzende Onlinetutorials (z. B. von Datenbanken) wäre wünschenswert.

Für weitere Hinweise zum Einsatz der Methoden „Aufgabe", „Demonstration" und „Lernstopp" siehe Methodensammlung (Kapitel 6 in diesem Buch) Merkblatt „Aufgabe", S. 44, Merkblatt „Demonstration", S. 32 und Merkblatt „Lernstopp", S. 33.

10 Abschluss

Die deutschen wissenschaftlichen Bibliotheken haben die Aufgabe der Förderung von Informationskompetenz in ihr Aufgabenportfolio aufgenommen und bemühen sich um die stetige Fortentwicklung ihres Kursangebots, sowohl in quantitativer als auch in qualitativer Hinsicht (Schubnell, 2010). Dies bedeutet vor allem, für die kontinuierliche didaktische Fortbildung des mit Schulungsaufgaben betrauten Bibliothekspersonals zu sorgen und mit fundierten didaktischen Konzepten auf den Plan zu treten.

Die in diesem Lehrbuch beispielhaft entworfenen Lehrszenarien sind auf ein mittlerweile vielfach etabliertes Spektrum an Einführungen und Kursen im Lernort Bibliothek abgestimmt: Führungen durch die Bibliothek, Angebote für Studierende, für Fortgeschrittene, für Wissenschaftlerinnen und Wissenschaftler, für studentische Tutor/innen, auch für internationale Studiengänge und für gymnasiale Seminarkursteilnehmende. Die dafür in diesem Leitfaden vorgeschlagenen Lehrstrategien basieren auf neuen lerntheoretischen Erkenntnissen, die konzentriert dargestellt wurden. Als für die Zwecke der Teaching Library geeignete Lehrstrategien können das expositorische Lehren, der Ansatz des Cognitive Apprenticeship, das Model-of-Model-Based Instruction (MOMBI), das entdecken-lassende Lehren und das problembasierte Lehren zugrunde gelegt werden. Lernen soll durch diese Lehrstrategien im Sinne eines aktiven Konstruierens von Wissen angeregt und unterstützt werden.

Für die konkrete Umsetzung der Lehrstrategien bedarf es geeigneter Lehrmethoden, wie sie teilweise auch von der Hochschuldidaktik angewandt werden. Neben teilweise schon bekannten Methoden wie dem Brainstorming, dem Brainwriting, der Kartenabfrage, dem Gruppenpuzzle, dem Mind Mapping, dem Blitzlicht oder dem Vortrag stellt das Lehrbuch auch weniger geläufige Methoden wie die Murmelgruppe, den Lernstopp, die Lernstationen, das Experteninterview, das Externalisieren, das Concept Mapping, die Lernstafette und die Postersession vor, um einige Beispiele zu nennen.

Da mit Blick auf knappe Personalressourcen in den Bibliotheken die Förderung von Informationskompetenz nicht ausschließlich im Rahmen von zeitaufwändigen Präsenzveranstaltungen (Gran, 2008) realisiert werden kann, gewinnt das E-Learning an Bedeutung, zumal auch die Studierenden nicht immer die für Präsenzschulungen nötige Zeit aufbringen können oder wollen. Jedoch erscheint es aus didaktischen Gründen nicht sinnvoll, E-Learning-Angebote ohne Einbettung in Präsenzveranstaltungen anzubieten. Der Ansatz des Blended Learning wurde deshalb als insbesondere für modular aufgebaute Lehrveranstaltungen der Teaching Library gut geeignete Lehrform vorstellt.

Die genannten Lehrstrategien bieten ein brauchbares Reservoir für die jeweiligen Schulungs- und Kursangebote der Teaching Library, wie sie in Form der Lehrszenarien modellhaft konzipiert und didaktisch geplant wurden. Für die Lehrpraxis in den Hochschulbibliotheken sollen sich dadurch konkrete Planungshilfen für die jeweiligen Kursprofile erschließen.

Literatur

Arbeitsgruppe Hochschuldidaktische Weiterbildung an der Albert-Ludwigs-Universität Freiburg i. Br. (1998). Besser Lehren. Praxisorientierte Anregungen und Hilfen für Lehrende in Hochschule und Weiterbildung. Heft 2: Methodensammlung. Weinheim: Beltz.

Arnold, P., Kilian, L., Thillosen, A., & Zimmer, G. (Hrsg.) (2011). Handbuch E-Learning: Lehren und Lernen mit digitalen Medien. Bielefeld: Bertelsmann.

Arnold, R. & Pätzold, H. (2003). Lernen ohne Lehren. In: W. Wittwer, & S. Kirchhof (Hrsg.), Informelles Lernen und Weiterbildung. Neue Wege zur Kompetenzentwicklung. München/Unterschleißheim: Wolters Kluwer (Grundlagen der Weiterbildung), S. 107–126.

Ausubel, D. P. (1968). The psychology of meaningful verbal learning. New York [u. a.]: Grune & Stratton.

Bloom, B. S. (Hrsg) (1974). Taxonomie von Lernzielen im Kognitiven Bereich. Weinheim [u. a.]: Beltz.

Borbach-Jaene, J. (2004). Ein Konzept für die Vermittlung von

Informationskompetenz an der UB Marburg. Grundlagen und Umsetzung. (Berliner Handreichungen zur Bibliothekswissenschaft; Bd. 13). Berlin: Institut für Bibliothekswissenschaft der Humboldt-Universität zu Berlin.

Brockhaus (2005–06). Die Enzyklopädie: in 30 Bänden. 21., neu bearbeitete Auflage. Leipzig, Mannheim: F.A. Brockhaus. Online-Ausgabe. (13.. 11. 2011).

Bruner, J. S. (1975a). Toward a theory of instruction. Cambridge, Mass. [u. a.]: Harvard Univ. Press.

Bruner, J. S. (1975b). Der Akt der Entdeckung. In: H. Neber (Hrsg.), Entdeckendes Lernen (2. Aufl.). Weinheim: Beltz.

Buggle, F. (2001). Die Entwicklungspsychologie Jean Piagets. Stuttgart, Berlin, Köln: Kohlhammer.

Collins, A., Brown, J. S. & Newman, S. E. (1989). Cognitive apprenticeship: Teaching the crafts of reading, writing, and mathematics. In: L. B. Resnick (Hrsg.), Knowing, learning, and instruction: Essays in honor of Robert Glaser. Hillsdale, NJ England: Lawrence Erlbaum Associates, Inc., S. 453–494.

Dannenberg, D. (2000). Wann fangen Sie an? Das Lernsystem Informationskompetenz (LIK) als praktisches Konzept einer Teaching Library. Bibliotheksdienst 34 (7/8), 1245–1259

Dannenberg, D. & Haase, J. (2007). In 10 Schritten zur Teaching Library – erfolgreiche Planung bibliothekspädagogischer Veranstaltungen und ihre Einbindung in Curricula. In: U. Krauß-Leichert (Hrsg.), Teaching Library - eine Kernaufgabe für Bibliotheken. Frankfurt a. M. u. a.: Peter Lang, S. 101–135.

DBV-Initiative definiert nationale Standards zur Informationskompetenz. In: Deutscher Bibliotheksverband e.V. Jahrbuch 2007–2009. Red. Barbara Schleihagen. Berlin: Deutscher Bibliotheksverband e.V. 2010, S. 48–49.

Dummann, K., Jung, K., Lexa, S., & Niekrenz, Y. (2007). Einsteigerhandbuch Hochschullehre. Aus der Praxis für die Praxis. Darmstadt: Wissenschaftliche Buchgesellschaft.

Edelmann, W. (2005). Lernpsychologie. Weinheim: Beltz, PVU.

Eigenbrodt, O. (2010). Definition und Konzeption der Hochschulbibliothek als Lernort. ABI-Technik, 30 (4), 252–260.

Eigler, G. et al (1973). Grundkurs Lehren und Lernen. Weinheim u. a.: Beltz.

Fischer, M. & Blumschein, P. (2003). Instructional Design für Kursangebote der Universitätsbibliothek Freiburg: Ein gemeinsames Pilotprojekt des Instituts für Erziehungswissenschaften der Universität Freiburg und der Universitätsbibliothek Freiburg. In: M. Brauer (Hrsg), Bibliotheken und Informationseinrichtungen – Aufgaben, Strukturen, Ziele. 29. Arbeits- u. Fortbildungstagung der ASpB/Sektion 5 im DBV…8.–11. April 2003 in Stuttgart; Jülich: Geschäftsstelle der ASpB e.V., S. 231–241.

Fischer, M. & Diez, A. (2006). Hochschuldidaktische Qualifizierung von Diplombibliothekaren/-innen für die Durchführung didaktisch fundierter Bibliotheksveranstaltungen für Studierende. Vortrag auf dem 95. Deutschen Bibliothekartag 2006 Dresden.

Franke, F., Klein, A., & Schüller-Zwierlein, A. (2010). Schlüsselkompetenzen: Literatur recherchieren in Bibliotheken und Internet. Stuttgart: Metzler.

Gantert, Klaus (2012). Erfolgreich recherchieren – Germanistik. Berlin u. a.: De Gruyter Saur (erscheint in der Reihe: Erfolgreich recherchieren).

Gapski, H. & Tekster, T. (2009). Informationskompetenz in Deutschland. Überblick zum Stand der Fachdiskussion und Zusammenstellung von Literaturangaben, Projekten und Materialien zu einzelnen Zielgruppen. Düsseldorf: Landesanstalt für Medien Nordrhein-Westfalen (LfM).

Gläser, C. (2008). Die Bibliothek als Lernort – neue Servicekonzepte. Bibliothek. Forschung und Praxis 32 (2), 171–182.

Graham, C. R. (2006). Blended Learning Systems. In: C. J. Bonk & C. R. Graham (Hrsg.), The Handbook of Blended Learning.. San Franciso, CA: Wiley.

Gran, M. (2008). Didaktik und Methodik von Präsenzveranstaltungen zur Vermittlung von Informationskompetenz an Hochschulbibliotheken: Grundlagen, Modelle, Perspektiven. Diplomarbeit. Köln: Fachhochschule, Fakultät für Informations- und Kommunikationswissenschaften.

Hanke, U. (2008). Realizing model-based instruction : The Model of Model-Based Instruction. In: D. Ifenthaler, P. Pirnay-Dummer, & J. M. Spector (Hrsg.). Understanding Models of Learning and Instruction. New York: Springer, S.175–186.

Hanke, U. & Huber, E. (2010). Acceptance of Model-Based Instruction Among Students in Spanish and Mathematics. In: J. M. Spector, D. Ifenthaler, P. Isaías, Kinshuk, & D. Sampson (Hrsg.). Learning and Instruction in the Digital Age. New York, Dordrecht, Heidelberg, London: Springer, S. 225–234.

Hasler Roumois, U. (2010). Studienbuch Wissensmanagement. Grundlagen der Wissensarbeit in Wirtschafts-, Non-Profit- und Public-Organisationen. 2. Aufl. Zürich: Orell Füssli (UTB 2954).

Hasselhorn, M. & Gold, A. (2009). Pädagogische Psychologie. Erfolgreiches Lernen und Lehren. 2. Aufl. Stuttgart: Kohlhammer (Kohlhammer Standards Psychologie).

Hawelka, B., Hammerl, M. & Gruber, H. (Hrsg.) (2007). Förderung von Kompetenzen in der Hochschullehre. Theoretische Konzepte und ihre Implementation in der Praxis. Kröning: Asanger.

Hilgard, E. R. (1975). Theories of learning. Englewood Cliffs, NJ: Prentice-Hall.

Homann, B. (2007). Standards und Modelle der Informationskompetenz – Kooperationsgrundlagen für bibliothekarische Schulungsaktivitäten. In: U. Krauß-Leichert (Hrsg.). Teaching Library – eine Kernaufgabe für Bibliotheken. Frankfurt a. M.: Peter Lang, S. 81–99.

Homann, B. (2009). Vermittlung von Informationskompetenz. In: H.-C. Hohbohm & K. Umlauf (Hrsg.), Erfolgreiches Management von Bibliotheken und Informationseinrichtungen, 1–10 (8/3.2).

Hütte, M. et al. (2009). Von der Teaching Library zum Lernort Bibliothek. In: Bibliothek – Forschung und Praxis 33 (2), 143–160.

Karasch, A. (2012). Erfolgreich recherchieren – Kunstgeschichte. Berlin u. a.: De Gruyter Saur (erscheint in der Reihe: Erfolgreich recherchieren).

Koehne, S. (2004). Didaktischer Ansatz für das Blended Learning. Konzeption und Anwendung von Educational Patterns. Diss. Univ. Hohenheim.

Kommission Zukunft der Informationsinfrastruktur (Hrsg.) (2011). Gesamtkonzept für die Informationsinfrastruktur in Deutschland. Empfehlungen der Kommission Zukunft der Informationsinfrastruktur im Auftrag der Gemeinsamen Wissenschaftskonferenz des Bundes und der Länder. http://www.leibniz-gemeinschaft.de/?nid=infrastr (30..12. 2011).

Krauß-Leichert, U. (Hrsg.) (2007). Teaching Library – eine Kernaufgabe für Bibliotheken. Frankfurt a. M. u. a.: Peter Lang.

Lux, C. & Sühl-Strohmenger, W. (2004). Teaching Library in Deutschland. Vermittlung von Informations- und Medienkompetenz als Kernaufgabe für Öffentliche und Wissenschaftliche Bibliotheken. (B.I.T. online – Innovativ: Bd. 9). Wiesbaden: Verlag Dinges & Frick.

Macke, G., Hanke, U., & Viehmann, P. (2008). Hochschuldidaktik : lehren, vortragen, prüfen [CD-ROM: mit Methodensammlung „Besser lehren"]. Weinheim, Basel: Beltz.

Macke, G., Hanke, U.& Viehmann, P. (2012). Hochschuldidaktik. Lehren, vortragen, prüfen, beraten. 2., erweiterte Auflage. Weinheim, Basel: Beltz.

Mandl, H. & Friedrich, H.-F. (Hrsg.) (2006). Handbuch Lernstrategien. Göttingen, Bern, Wien u. a.: Hogrefe.

Masie, E. (2006). The Blended Learning Imperative. In: C. J. Bonk & C. R. Graham (Hrsg.), The Handbook of Blended Learning. San Franciso, CA: Wiley.

Netzwerk Informationskompetenz Baden-Württemberg (NIK-BW) (2006). Standards der Informationskompetenz für Studierende. http://www.informationskompetenz.de/regionen/baden-wuerttemberg/arbeitsergebnisse.

O'Connor, S. & Sidorko, P. (2010): Imagine your library's future. Scenario planning for libraries and information organizations. Oxford: Chandos Publ.

Overwien, B. (2005). Stichwort. Informelles Lernen. In: Zeitschrift für Erziehungswissenschaft 8. Jg., S. 345 f.

Peacock, J. (2004). Standards, Curriculum and learning: implications for professional development. In: A. Bundy (Hrsg.), Australian and New Zealand Information Literacy Framework: principles, standards and practice, 2nd edition. Australian/New Zealand Institute of Information Literacy, S. 29–33.

Piaget, J. (1976). Die Aquilibration der kognitiven Strukturen. Stuttgart: Ernst Klett.

Reinmann, G. & Eppler, M. J. (2008). Wissenswege. Methoden für das persönliche Wissensmanagement. Bern: Huber, Hogrefe (Lernen mit neuen Medien).

Reinmann, G. & Mandl, H. (Hrsg.) (2004). Psychologie des Wissensmanagements. Perspektiven, Theorien und Methoden. Göttingen, Bern u. a.: Hogrefe.

Reinmann-Rothmeier, G. (2003). Didaktische Innovation durch Blended Learning. Leitlinien anhand eines Beispiels aus der Hochschule. Bern u. a.: Huber.

Rockenbach, S. (2011, Dezember 2). Neugier und Zweifel - Informationskompetenz anders! Abgerufen von http://kobra.bibliothek.uni-kassel.de/bitstream/urn:nbn:de:heb is:34-2007100519309/1/VortragRockenbach.pdf.

Sauter, A. M., Sauter, W., & Bender, H. (2004). Blended Learning. 2., erw. u. überarb. Aufl. Unterschleißheim/München: Wolters Kluwer.

Schubnell, B. (2010). Qualität in der Vermittlung von Informationskompetenz. In: U. Hohoff & C. Schmiedeknecht (Hrsg.), 98. Deutscher Bibliothekartag in Erfurt 2009. Ein neuer Blick auf Bibliotheken. Hildesheim, Zürich, New York, S. 199–208.

Schüller-Zwierlein, A. (Red.) (2006). Die Vermittlung der Schlüsselqualifikation Informationskompetenz an der LMU München. Ein Lagebericht. Universitätsbibliothek München. http://epub.ub.uni-muenchen.de/1349/1/lagebericht.pdf (13.11. 2011).

Schultka, H. (2005). Bibliothekspädagogik. In: Bibliotheksdienst 39 (11), 1462–1488.

Seel, N. M. (1991). Weltwissen und mentale Modelle. Göttingen: Hogrefe.

Seel, N. M. (2003). Psychologie des Lernens. 2. Aufl. München: Reinhardt.

Seel, N. M., & Hanke, U. (2010). Lernen und Behalten. Weinheim ; Basel: Beltz.

Söntgen, W. & Jechle, T. (1996). Grundkurs Lehren und Lernen. Basierend auf dem gleichnamigen Text von Eigler et al. Reader zum Seminar. Freiburg: Unveröffentlichtes Manuskript.

Straka, G. A. & Macke, G. (2006). Lern-Lehr-Theoretische Didaktik. 4. Aufl. Münster: Waxmann (LOS – Lernen, Organisiert, Selbstgesteuert).

Straub, M. (2007). E-Learning: vom Screencaming zum Autorentool – am Beispiel der Universitätsbibliothek Freiburg. In: B. Lison (Hrsg.), Information und Ethik. Dritter Leipziger Kongress für Information und Bibliothek. Leipzig, 19. März bis 22. März 2007. Wiesbaden: Dinges & Frick, S. 227–229.

Sühl-Strohmenger, W. (2003). Hochschulbibliothek, Informationskompetenz und pädagogisch-didaktische Qualifizierung: Lehren und Lernen in der Bibliothek - neue Aufgaben für Bibliothekare. B.I.T. online 6 (4), 317–326. http://www.b-i-t-online.de/archiv/2003-04-idx.html.

Sühl-Strohmenger, W. (2004). Informationskompetenz und Studierfähigkeit – Angebote der Universitätsbibliothek Freiburg für gymnasiale Seminarkurse. Bibliotheksdienst 38 (1), 61–65.

Sühl-Strohmenger, W. (2008). Digitale Welt und Wissenschaftliche Bibliothek – Informationspraxis im Wandel. Determinanten, Ressourcen, Dienste. Kompetenzen. Eine Einführung. (Bibliotheksarbeit; Bd. 11). Wiesbaden: Harrassowitz.

Sühl-Strohmenger, W. & Straub, M. (2008). Pädagogische Überlegungen und didaktische Ansätze zur Vermittlung von Informationskompetenz an der Universitätsbibliothek Freiburg. In: A. Raffelt (Hrsg.), Bibliothek – von außen und von innen. Aspekte Freiburger Bibliotheksarbeit. Für Bärbel Schubel. Freiburg i. Br.: Universitätsbibliothek, 2008 (Schriften der Universitätsbibliothek Freiburg im Breisgau: Bd. 28), S. 123–146.

Sühl-Strohmenger, W. (2008a). Neugier, Zweifel, Lehren, lernen ...? Anmerkungen zur Didaktik der Teaching Library. In: Bibliotheksdienst 42 (8/9), 880–889.

Sühl-Strohmenger, W. (2011). Hilfe im Kampf gegen die Informationsflut: Angebote wissenschaftlicher Bibliotheken für Gymnasiasten: Ein Überblick. BuB. Forum Bibliothek und Information 63 (7/8), 530–535.

Sühl-Strohmenger, Wilfried (Hrsg.) (2012). Handbuch Informationskompetenz. Berlin/Boston: De Gruyter.

Sühl-Strohmenger, Wilfried (2012). Teaching Library – Förderung von Informationskompetenz durch Hochschulbibliotheken. Berlin/Boston: De Gruyter (Bibliothek: Monographien zu Forschung und Praxis; 1).

Torras, M. C. & Saetre, T. P. (2009). Information literacy education: a process approach: professionalising the pedagogical role of academic libraries. Chandos information professional series. Oxford: Chandos Publ.

Trautner, H. M. (1995). Allgemeine Entwicklungspsychologie. Stuttgart , Berlin, Köln: Kohlhammer.

Wahl, D. (Hrsg.) (1995). Erwachsenenbildung konkret. Mehrphasiges Dozententraining. Eine neue Form erwachsenendidaktischer Ausbildung von Referenten und Dozenten. 4. Aufl. Weinheim: Beltz 1995 (Neue Formen des Lernens im Betrieb: Bd. 2).

Willke, H. (2001). Systemisches Wissensmanagement. 2. Aufl. Stuttgart: Lucius & Lucius (UTB; Bd. 2047).

Winteler, A. (2008). Professionell lehren und lernen. Ein Praxisbuch. 3. Aufl. Darmstadt: Wissenschaftliche Buchgesellschaft.

Wittich, A. & Jasiewicz, J. (2011). Orientierungsrahmen zur Vermittlung von Informationskompetenz in der Schule. Information. Wissenschaft & Praxis 62 (4), 167–172.

Wittwer, W. (2003), „Lern für die Zeit, wird tüchtig fürs Haus. Gewappnet ins Leben trittst du hinaus" – Förderung der Nachhaltigkeit informellen Lernens durch individuelle Kompetenzentwicklung. In: W. Wittwer & S. Kirchhof (Hrsg.), Informelles Lernen und Weiterbildung. Neue Wege zur Kompetenzentwicklung. München/Unterschleißheim: Wolters Kluwer (Grundlagen der Weiterbildung), S. 13–41.

Zumbach, J. (2003). Problembasiertes Lernen. (Internationale Hochschulschriften; Bd. 424). Münster: Waxmann.

Über die Autoren

PD Dr. Ulrike Hanke
PD Dr. Ulrike Hanke ist akademische Rätin an der Universität Freiburg i. Br. am Institut für Erziehungswissenschaft am Lehrstuhl Lernforschung und Instructional Design. Sie forscht und lehrt im Bereich des Lehrens und Lernens in verschiedenen Praxisfeldern. Außerdem ist sie Dozentin für Hochschuldidaktik und hat langjährige Erfahrung im Bereich der didaktischen Professionalisierung von Bibliothekar(inn)en. Ihr Buch „Hochschuldidaktik", welches sie mit Gerd Macke und Pauline Viehmann verfasst hat, ist gerade in der zweiten Auflage erschienen (Macke, Hanke & Viehmann (2012): Hochschuldidaktik. Lehren, vortragen, prüfen, beraten. 2. Auflage. Weinheim: Beltz.). Kontakt: ulrike.hanke@ezw.uni-freiburg.de.

Martina Straub
Martina Straub ist Diplom-Bibliothekarin (WB) und leitet an der Universitätsbibliothek Freiburg im Breisgau die Abteilungen Benutzung (UB 1) und Informationsdienste. In Fernstudiengängen hat sie sich zur „Expertin für Neue Lerntechnologien" und zum „MAS Educational Technology" weitergebildet. Diese und weitere Kenntnisse, z.B. das „Hochschuldidaktikzertifikat Baden-Württemberg", finden in ihren Arbeitsschwerpunkten Schulungen/Fortbildungen und E-Learning Anwendung. Kontakt: martina.straub@ub.uni-freiburg.de.

Dr. Wilfried Sühl-Strohmenger
Dr. Wilfried Sühl-Strohmenger ist Bibliotheksdirektor und leitet an der Universitätsbibliothek Freiburg im Breisgau das Dezernat Bibliothekssystem. In seiner Funktion als Fachreferent für Pädagogik, Psychologie, Politikwissenschaft, Soziologie und Sportwissenschaft sowie als Lehrbeauftragter an verschiedenen Universitäten in Deutschland, Österreich und der Schweiz ist er seit gut 15 Jahren mit der Konzeption und Realisierung von Kursangeboten zur Förderung von fachübergreifender und fachbezogener Informationskompetenz befasst. Er hält Vorträge und publiziert zu den Themenfeldern der Teaching Library, der Informationskompetenz und des Informationsverhaltens im Hochschulbereich. Sein von ihm herausgegebenes „Handbuch Informationskompetenz" ist, unter Mitarbeit von Martina Straub, 2012 bei De Gruyter Saur erschienen. Kontakt: suehl@ub.uni-freiburg.de.